5가지 재료로 10분 만에 만드는
맛있는 프랑스 요리

Vite Fait Bien Fait: Simple, le goût en + by Sue Quinn
Copyright © Hachette Livre (Marabout), Paris, 2015
All rights reserved.
Korean translation rights © 2016 EyeofRa Publishing Co.,Ltd .

이 책의 한국어판 저작권은 AMO에이전시를 통해 저작권자와 독점 계약한 라의눈에 있습니다.
저작권법에 의해 한국 내에서 보호를 받는 저작물이므로 무단 전재와 무단 복제를 금합니다.

5가지 재료로 10분 만에 만드는 맛있는 프랑스 요리

수 퀸 지음 | 이보미 옮김

라의눈

• 차례 •

들어가며 *page 7*

초스피드 요리를 위한 이상적인 부엌찬장 *page 8*

CHAPITRE 1
간단한 손님 초대 요리와 핑거푸드 *page 11*

호박씨 시즈닝과 캐러멜라이징
파르메산 치즈 팝콘
케일 칩스
시치미를 뿌린 프라이드 파드론 페퍼
파르메산 튀일
마늘 토르티야 칩
타라마
과카몰레
검은콩 딥 소스와 하리사
잠두콩과 참깨 딥
토마토 바질 브루스케타
브루스케타 응용요리
　그릴에 구운 양념 가지와 요거트 브루스케타
　고트 치즈와 허브 브루스케타
　말린 토마토와 올리브, 오레가노 브루스케타
　버섯 케이퍼 브루스케타
　보콘치니와 페퍼민트 고추 브루스케타
　참치 라임 카르파초 브루스케타
　케일 마늘 브루스케타
　간 브루스케타
핫소스를 곁들인 어묵 완자
캐러멜라이즈 초리조와 강낭콩
애호박 국수 프리타타
구운 고트 치즈와 꿀
할루미 치즈 스파이스 버거

애호박 페타 치즈 갈레트
가지 스위트 칠리 소스
고트 치즈를 곁들인 파 오믈렛
동남아식 소스를 곁들인 두부
아스파라거스와 파르메산 치즈를 곁들인 빵
빵을 이용한 응용요리
　그린 타프나드를 곁들인 프로슈토
　완두콩 퓌레
　참치 리예트
　사과와 꿀을 곁들인 리코타 치즈
　차이브와 래디시를 곁들인 고트 치즈
　씨앗과 고수를 곁들인 레몬 허머스
　마늘, 초리조를 곁들인 강낭콩 퓌레
　프로마주 블랑, 훈제연어와 딜

CHAPITRE 2
수프와 샐러드 *page 63*

레몬 소스를 뿌린 채소 슬라이스
비트와 고트 치즈 샐러드
브로콜리 샐러드
곡물과 레드치커리 웜 샐러드
엔다이브 베이컨 샐러드
파투시 샐러드
무화과 시금치 샐러드
허브 샐러드
토마토, 모차렐라, 바질 샐러드
토마토와 모차렐라를 이용한 응용요리
　무화과와 프로슈토
　아스파라거스
　앤초비와 케이퍼
　아보카도와 완두콩 어린잎

레물라드 소스를 곁들인 채소 샐러드
병아리콩 샐러드
쿠스쿠스 스프링 샐러드
그릴에 구운 쉬크린과 두카
부라타 치즈와 그릴에 구운 복숭아
부라타 치즈 응용요리
   오렌지와 고수
   아스파라거스와 마늘버터
   잠두콩과 페퍼민트
   오레가노와 빵가루
구운 피망 수프
핫소스 소고기 국수
두부 된장국
완두콩 햄 수프
핫소스 수프
콜리플라워 마살라 수프
흰 강낭콩 수프
아보카도 크림 수프
토마토와 빵 수프
오이와 페퍼민트 수프
클래식 채소 수프
클래식 채소 수프 응용요리
   양념 채소 수프
   누들 채소 수프
   잣이 들어간 그레몰라타 채소 수프
   강낭콩 채소 수프

   베이컨 또는 초리조
까르보나라 스파게티
아보카도 페스토 뇨키
레몬, 리코타 치즈를 넣은 링귀네
정어리, 잣, 건포도 스파게티
조개와 타라곤 스파게티
오르조와 케일 수프
알프레도 페투치네
알프레도 소스 응용요리
   양송이 버섯 알프레도 소스
   베이컨 완두콩 알프레도 소스
   훈제 연어 알프레도 소스
   시금치 알프레도 소스
피망과 고트 치즈 파스타
스파게티와 마늘 빵가루
참치와 케이퍼 파스타
소시지 펜네 파스타
토르텔리니 수프
치즈, 마늘, 블랙페퍼 오르조
바질 페스토
페스토 응용요리
   크레송과 호두 페스토
   파슬리와 아몬드 페스토
   페퍼민트와 헤이즐넛 페스토
   허브와 피스타치오 페스토

CHAPITRE 3
파스타와 라비올리 *page 121*

클래식 토마토 소스 파스타
클래식 토마토 소스 응용요리
   우에보스 란체로스
   페퍼 플레이크, 올리브와 앤초비
   간단한 라따뚜이

CHAPITRE 4
육류, 가금류, 생선 *page 159*

카르파초, 트러플 마요네즈
소고기 볶음 캐러멜라이즈
양념 양고기 허머스 소스
돼지갈비와 애플 아이올리 소스
크레송 발사믹 소스 간 요리
블루 치즈 버터를 올린 등심

양념을 첨가한 버터 응용요리
   레몬 흑후추 버터
   앤초비, 마늘, 로즈마리 버터
   애플소스 머스터드 버터
   고추 라임 버터
시트러스와 타임을 곁들인 닭 가슴살
닭고기 카레와 난
닭고기 파히타
베트남 스프링롤
메밀국수와 참기름을 곁들인 참치 스테이크
하리사를 넣은 해덕대구와 쿠스쿠스
농어와 다시국물
그릴에 구운 청어와 오이절임
옥수수전분 오징어 튀김
국수와 새우 사테
오징어, 초리조, 아몬드 샐러드
앙 파피요트
앙 파피요트 변형요리
   간장과 쪽파를 곁들인 앙 파피요트
   태국 카레를 곁들인 앙 파피요트
   파사타와 올리브를 곁들인 앙 파피요트
   크레송과 타라곤을 곁들인 앙 파피요트

클래식 치즈케이크
클래식 치즈케이크 응용요리
   메이플 시럽 바나나 치즈케이크
   가염 캐러멜 치즈케이크
   라임 치즈케이크
   레몬 치즈케이크
오렌지 장미수 크림 디저트
초콜릿 머그컵 케이크
블루베리 머그컵 케이크
블루베리를 곁들인 화이트초콜릿 무스
클래식 티라미수
클래식 티라미수 응용요리
   석류 티라미수
   리치, 장미수 티라미수
   마르살라 티라미수
   리몬첼로, 블루베리 티라미수
초콜릿 크림
캐러멜라이즈 오렌지와 메이플시럽 크림
이튼 메스
초콜릿 브리오슈 토스트
라즈베리 소르베
모히토 같은 그라니타
과일 소르베
캐러멜 아이스크림
레몬, 라즈베리 젤리

색인 *page 254*

CHAPITRE 5
간단 디저트 *page 201*

체리와 초콜릿 트러플
화이트 초콜릿 부셰
시리얼 바
캐러멜 팝콘
굽지 않고 만드는 피넛버터 쿠키
설탕과 향신료를 넣은 바삭한 디저트
스모어
캐러멜 피스타치오 무화과
건과일 리코타 치즈 콩포트

들어가며

맛있는 음식을 빠르고 쉽게 요리할 수 있게 해주는 일정 조건들이 있다. "빠르고 쉬운" 요리의 비결을 살피면 다음과 같은 특징들을 찾을 수 있다.

1/ 좋은 재료

생면, 채소 병조림, 냉동과일, 향이 첨가된 소스, 토마토 쿨리와 홀토마토, 좋은 품질의 스톡 등은 맛과 음식의 질을 해치지 않으면서도 빠르게 요리할 수 있게 하는 기본이 된다. 다음 장에서 신속한 요리에 필요한 완벽한 식재료 리스트를 찾아볼 수 있다.

2/ 체계성

요리 시작 전에 꼭 필요한 식재료와 도구를 준비하기 바란다. 그리고 레시피를 순서대로 따른다. 동시에 여러 가지를 해야 하는 경우도 있지만, 갖춰진 환경에 최대한 맞춰 요리하면 된다. 예를 들어 주방에 인덕션이 있어서 물을 빨리 끓일 수 있다면, 꼭 전기포트에 물을 끓일 필요는 없다.

3/ 습관의 효과

이 책에 나온 모든 레시피는 10분 안에 요리가 가능한데, 손이 빠른 사람은 10분도 채 안 걸릴 것이다. 혹시 처음 요리할 때 시간을 초과하더라도 크게 개의치 말자. 빨리 요리하는 기술을 한 번 터득하면, 모든 레퍼토리를 생각했던 것보다 훨씬 더 빨리 해낼 수 있을 테니 말이다. 빠르게 요리하는 방법은 배우기도 빠르다.

LE PLACARD IDÉAL
초스피드 요리를 위한 이상적인 부엌찬장

 기본재료

- 오일(올리브오일/식물성 식용유)
- 소금(정제염/꽃소금)
- 후추
- 설탕(갈색설탕/가루설탕/무스코바도설탕(muscovado sugar, 사탕수수 즙에서 당밀을 추출하여 즙이 남은 상태로 부분 정제하여 만든 거친 과립상의 갈색 설탕 – 옮긴이))
- 버터
- 빵(유럽식 시골빵/바게트)
- 달걀
- 좋은 품질의 스톡(큐브/가루/액상)
- 견과류, 씨앗류
- 향신료(훈제 파프리카 가루/커민 가루/고춧가루/카이엔 페퍼)
- 말린 과일
- 국수(생국수/건국수)
- 생면
- 쿠스쿠스
- 반조리된 곡물류, 퀴노아, 독일밀, 혼합곡물

- 쪽파
- 고추
- 토마토

 유제품

- 그릭요거트
- 생크림
- UHT(초고온멸균)크림
- 크림 치즈
- 치즈(파르메산/페타/모차렐라/체다/고트/할루미/마스카포네)

 생선

- 훈제생선(연어/고등어)

 고기

- 베이컨

 신선식품

- 마늘
- 허브
- 레몬/라임

병, 통조림, 비스킷

- 콩류(병아리콩/렌틸콩/강낭콩)
- 앤초비/정어리
- 채소 오일 절임(말린 토마토/구운 가지/파프리카/아티초크)
- 케이퍼
- 올리브
- 토르티야
- 팝콘용 옥수수
- 스페큘러스 쿠키(Speculoos Cookie, 벨기에 전통 캐러멜 쿠키 – 옮긴이), 또는 기타 비스킷
- 작은 머랭
- 초콜릿 스프레드

냉동식품

- 냉동과일
- 냉동채소(완두콩/잠두)

소스 및 페이스트

- 카레 페이스트
- 페스토
- 파사타(토마토 퓌레 – 옮긴이)
- 허머스(병아리콩, 타히니, 올리브오일, 레몬주스, 소금, 마늘 등을 으깨어 만든 중동의 향토음식 – 옮긴이)
- 스리라차
- 하리사
- 간장
- 겨자
- 마요네즈

CHAPITRE 1

간단한 손님 초대 요리와 핑거푸드

*petites assiettes à partager
et finger food*

호박씨 시즈닝과 캐러멜라이징
GRAINES DE *courge* CARAMÉLISÉES ET ÉPICÉES

분량: 한 그릇 / 조리시간: 5분 + 대기 5분
조리도구: 볼, 바닥이 두꺼운 프라이팬, 유산지

호박씨
130그램

갈색설탕
3테이블스푼

커민 가루
1½티스푼

카이엔 페퍼
¾티스푼

훈제 파프리카 가루
1½티스푼

간단한 손님 초대 요리와 핑거푸드

볼에 재료를 모두 넣고 섞는다. 프라이팬을 달구고 식물성 식용유 1티스푼을 두른 후 섞어둔 재료를 옮겨 담는다. 설탕이 캐러멜화되고 호박씨가 튀어 오르기 시작할 때까지 1~2분간 계속 저어주며 볶는다. 유산지 위에 넓게 펼쳐놓고 식힌다.

파르메산 치즈 팝콘
pop-corn AU PARMESAN

분량: 4인분(스낵류) / 조리시간: 5분
조리도구: 치즈강판, 작은 프라이팬, 뚜껑이 있고 바닥이 두꺼운 큰 프라이팬

파르메산 치즈 30그램

가염버터 30그램

팝콘용 옥수수알 50그램

간단한 손님 초대 요리와 핑거푸드

작은 프라이팬을 달궈 버터를 녹이고, 파르메산 치즈는 곱게 간다. 큰 프라이팬에 옥수수알과 식물성 식용유 1테이블스푼을 넣고 옥수수알에 식용유가 골고루 묻도록 잘 섞어준다.
큰 프라이팬의 뚜껑을 덮고 중불로 가열한다. 옥수수알이 튀어 오르면 불을 끄고 뚜껑을 덮은 상태로 1분간 기다렸다가, 다시 가스 불을 켠다. 곧이어 다시 옥수수알이 튀어 오르면 프라이팬을 계속 흔들어준다. 약 2분 후, 옥수수알이 잦아들면 불을 끄고 1분간 기다린다.
분량의 파르메산 치즈, 녹인 버터, 입맛대로 소금으로 간하고 섞어서 따뜻할 때 먹는다.

케일 칩스
CHIPS DE *kale*

분량: 4인분(아페리티프) / 조리시간: 10분 + 대기 5분
조리도구: 샐러드 볼, 볼, 유산지를 깐 오븐 팬

케일 100그램
훈제 파프리카 가루 ½티스푼
가루설탕 1티스푼

오븐을 180도로 예열한다. 케일의 가장 두꺼운 줄기는 잘라내고, 이파리 부분을 적당한 크기로 자른다.
케일을 샐러드 볼에 담아 올리브오일 1테이블스푼을 넣고 손으로 골고루 버무린다.
또 다른 볼에 설탕, 훈제 파프리카 가루, 꽃소금 ½티스푼을 넣고 섞는다. 이렇게 만든 소스는
케일을 담은 샐러드 볼에 조금씩 뿌리면서 잘 섞는다. 그런 다음 케일을 오븐 팬에 펼쳐놓는다.
케일이 바삭해지고 가장자리가 노릇해질 때까지 약 5분간 굽는다.
5분간 식히며 단단해지길 기다렸다가 먹는다.

시치미를 뿌린 프라이드 파드론 페퍼
poivrons DE PADRÓN FRITS AU SHICHIMI

분량: 4인분(스낵류) / 조리시간: 8분
조리도구: 바닥이 두꺼운 큰 프라이팬, 키친타월

요리에 뿌려먹을 시치미

파드론 페퍼 250그램

파드론 페퍼(Padrón pepper, 스페인 파드론 지역의 고추로 많이 맵지는 않지만 특유의 강한 향이 매력이다. 국내에서는 식감이 유사한 꽈리고추를 사용해도 좋다 – 옮긴이)를 씻어 잘 말린다.
프라이팬에 올리브오일 50밀리리터를 두르고 달군다. 올리브오일이 달궈지면 파드론 페퍼를 조심스럽게 올리고 오일이 골고루 묻도록 뒤적인다. 파드론 페퍼의 겉면이 군데군데 그을려 튀어 오르기 시작할 때까지 3~4분간 저어주며 볶는다. 적당히 익힌 다음 키친타월에 올려 기름을 뺀다.
시치미(시치미: 붉은 고춧가루를 기본으로, 구운 오렌지 껍질, 검은 참깨, 흰 참깨, 생강, 대마 씨, 김 등 7가지 재료를 섞어 만든 일본의 식탁 용 양념이다 – 옮긴이)를 뿌려 바로 먹는다.

• 파드론 페퍼 중에는 상당히 매운 것도 있다.

간단한 손님 초대 요리와 핑거푸드

파르메산 튀일
TUILES AU *parmesan*

분량: 4인분(스낵류) / 조리시간: 5분 + 대기 5분
조리도구: 치즈강판, 볼, 유산지를 깐 오븐 팬, 그릴

파르메산 치즈
50그램

양귀비씨앗
1티스푼

오븐을 200℃로 예열한다. 파르메산 치즈를 곱게 갈아 볼에 올리고, 여기에 양귀비씨앗을 넣고 잘 섞는다.
섞은 재료를 테이블스푼으로 크게 한 덩어리씩 떠서 오븐 팬에 올리고,
숟가락 뒷부분으로 눌러 납작하게 펴서 튀일(tuile, 기와 모양의 프랑스식 비스킷 – 옮긴이)을 만든다.
튀일이 노릇해질 때까지 약 3분간 굽는다.
다 구워지면 몇 분간 오븐 팬에 그대로 두었다가 그릴에 옮겨 담아 식혀서 굳힌다.

마늘 토르티야 칩
CHIPS DE *tortilla* À L'AIL

분량: 16조각 / 조리시간: 8분 + 대기 5분
조리도구: 오븐 팬, 갈릭 프레스, 볼, 요리 붓

껍질 벗긴 마늘
2쪽

밀가루 토르티야
2장

오븐을 200도로 예열하여, 오븐 팬을 넣고 뜨겁게 덥힌다. 오븐 팬이 가열되는 동안
볼을 아래에 놓고 갈릭 프레스로 마늘을 으깨 넣는다.
올리브오일 1테이블스푼을 볼에 넣고 잘 섞는다. 요리 붓으로 토르티야 양면에
올리브오일을 섞은 마늘을 바르고 꽃소금을 뿌린다. 토르티야를 각각 8조각으로 자른다.
덥힌 오븐 팬을 오븐에서 꺼내 그 위에 토르티야 조각들을 올린다.
토르티야 칩스가 살짝 노릇해질 때까지 5~6분간 오븐에서 굽는다.
그릴에 옮겨 담아 식혀서 굳힌다.

타라마
tarama MAISON

분량: 4인분 / 조리시간: 5분
조리도구: 작은 볼, 푸드프로세서 또는 블렌더

엑스트라 버진 올리브오일
100밀리리터

훈제 대구알
200그램

눅눅한 흰 빵
60그램

우유
100밀리리터

레몬즙
60밀리리터

간단한 손님 초대 요리와 핑거푸드

빵은 껍질을 잘라내 버리고, 흰 부분은 조각내어 볼에 담는다. 우유를 부어 빵에 흠뻑 스며들게 한다. 대구알은 우유에 적신 빵과 함께 블렌더에 넣고 크림 같은 질감이 될 때까지 간다.
블렌더를 작동시킨 상태로 분량의 올리브오일, 레몬즙을 차례로 천천히 넣는다. 맛을 보고 레몬즙을 추가하거나, 너무 되직하면 물을 조금 넣는다. 당근스틱, 빵과 곁들여 먹는다.

과카몰레
guacamole MAISON

분량: 4인분(아페리티프) / 조리시간: 5분
조리도구: 볼, 갈릭 프레스

아보카도는 과육을 발라내어 볼에 넣고 포크로 대강 으깬다. 볼을 아래에 두고 갈릭 프레스로 마늘을 으깨 넣는다. 여기에 라임즙, 소금, 후추를 넣고 취향에 따라 타바스코 소스를 첨가한다. 토마토를 얇게 썰어 미리 만들어 놓은 재료 위에 살짝 올린다. 맛을 보고 필요하면 소금, 후추, 라임즙, 타바스코를 추가하여 간을 맞춘다. 생 채소를 알맞은 크기로 잘라 곁들여 먹는다.

검은콩 딥 소스와 하리사
DIP DE *haricots* NOIRS ET HARISSA

분량: 4인분(아페리티프) / 조리시간: 5분
조리도구: 푸드프로세서

물기를 뺀 검은콩
통조림 1개(약 200그램)

라임즙 조금

하리사
1티스푼

고수 작은 한 줌(요리용),
소량(장식용)

검은콩 통조림에서 물기를 빼, 따로 남겨둔다. 검은콩, 고수, 하리사(harissa, 북아프리카의 기본 칠리 혼합물로 북아프리카에서 생산되는 피리피리Piri piri라는 매운 붉은 고추를 블랜딩한 것이다. 그대로 사용하거나 수프에 섞기도 하며 쿠스쿠스의 필수 재료이다. 하리사는 시중에서 구입할 수도 있고 만들 수도 있다 – 옮긴이), 라임즙, 올리브오일 2테이블스푼을 푸드프로세서에 모두 넣고 간다. 통조림 물을 한두 스푼 추가하여 원하는 질감이 될 때까지 갈아준다. 입맛대로 소금, 후추로 간하고 필요하면 라임즙을 추가한다.
볼에 옮겨 담고 고수를 뿌린다. 토르티야 칩과 함께 테이블에 올린다.

잠두콩과 참깨 딥
DIP DE fèves AU SÉSAME

분량: 4인분(앙트레) / 조리시간: 10분
조리도구: 냄비, 블렌더 또는 푸드프로세서

마늘 4쪽

간장 ½티스푼

참기름 1티스푼

라임즙 2테이블스푼

껍질 벗긴 냉동 잠두콩 500그램

전기포트에 물을 끓인다. 물이 끓는 동안 마늘 껍질을 깐다. 냄비에 끓는 물을 가득 붓고 잠두콩과 마늘을 넣어 약 4분간 익힌다. 잠두콩과 마늘이 물러지면 물기를 빼고 블렌더나 푸드프로세서에 옮겨 담는다. 여기에 분량의 참기름, 라임즙, 간장을 추가한다.

재료가 들어가 있는 푸드프로세서에 찬물을 약 180밀리리터 넣고 갈아 부드러운 크림 질감의 딥 소스를 만든다. 소금, 후추로 간한다. 생 채소를 알맞은 크기로 잘라 곁들여 먹는다.

토마토 바질 브루스케타
BRUSCHETTAS AUX *tomates* ET AU BASILIC

분량: 4쪽 / 조리시간: 10분
조리도구: 오븐 팬, 공기

플럼 토마토 4개

사선으로 자른
바게트 4쪽

마늘 1쪽

바질 잎 8장

오븐 팬을 최고 온도로 달군다. 바게트 조각을 오븐 팬에 올린 다음 올리브오일을 살짝 뿌려 양면을
노릇하게 굽는다. 그 동안 플럼 토마토(plum tomato, 생식용 토마토 품종들보다 껍질이 두껍고 단단하며 씨앗이 적어
토마토 페이스트를 만들거나 토마토 소스를 만드는데 쓰인다 – 옮긴이)를 정사각형 모양으로 작게 썰고,
바질도 잘게 다진다. 토마토와 바질을 볼에 담아 올리브오일 1테이블스푼, 소금, 후추를 넣고 섞는다.
마늘은 껍질을 벗겨 반으로 잘라 오븐에 구운 바게트에 향이 배이게 문지른다.
만들어놓은 토마토 소스를 바게트 위에 올려 먹는다.

브루스케타 응용요리
VARIATIONS AUTOUR DES *bruschettas*

분량: 4쪽
토마토 바질 브루스케타(32~33페이지) 레시피를 바탕으로
만들 수 있는 독창적인 요리

- 올리브 오일
- 여러 종류의 연한 허브 잎 (바질/오레가노/차이브/파슬리/타임 등) 한 줌
- 카이엔 페퍼 ½티스푼
- 가지 1개
- 플레인 요거트 3테이블스푼
- 생 고트 치즈 8테이블스푼
- 마늘 1쪽

그릴에 구운 양념 가지와 요거트 브루스케타

가지를 정사각형 모양으로 작게 썰어 올리브오일
2테이블스푼을 넣은 프라이팬에 살짝 굽는다.
입맛대로 카이엔 페퍼, 소금, 후추를 넣고 가지가
부드러워질 때까지 볶는다. 마늘은 껍질을 벗겨 으깨
플레인 요거트와 섞는다. 그릴에 구운 바게트에
가지를 올리고 마늘 요거트 소스를 한 스푼 올린다.

고트 치즈와 허브 브루스케타

잘게 썬 허브를 고트 치즈와 섞어 크림 소스를
만든다. 그릴에 구운 마늘 바게트에
듬뿍 발라 즐긴다.

블랙 올리브 한 줌
토마토 페이스트
마요라나 10장

케이퍼 1테이블스푼
버터 4테이블스푼
양송이버섯 200그램
마늘 2쪽

말린 토마토와 올리브, 오레가노 브루스케타

말린 토마토 페이스트를 잘게 썬 오레가노,
엑스트라 버진 올리브오일 소량과 함께 섞는다.
그릴에 구운 바게트에 듬뿍 바르고 둥글게 썬
올리브로 장식한다.

버섯 케이퍼 브루스케타

버섯, 마늘, 케이퍼를 잘게 썬다. 달군 냄비에서
버터를 녹인 다음, 재료를 넣고 5분간 볶는다.
입맛대로 소금, 후추로 간한 뒤 그릴에 구운
바게트에 올린다.

브루스케타 응용요리
VARIATIONS AUTOUR DES *bruschettas*

분량: 4쪽
토마토 바질 브루스케타(32~33페이지) 레시피를 바탕으로
만들 수 있는 독창적인 요리

페퍼민트
(잎 부분만 준비)
작은 1단

할라피뇨 고추
(또는 중간 크기의 고추)
1개

레몬즙 조금

라임즙
1테이블스푼

참치 필레
150그램

곁들여 먹을
보콘치니 치즈

막 갈아놓은
후추 1티스푼

보콘치니와 페퍼민트 고추 브루스케타

블렌더에 페퍼민트 잎과 잘게 다진 고추를 넣고 간다.(절구에 빻아도 된다.) 여기에 올리브오일 3테이블스푼, 레몬즙 소량을 넣고 섞어 소스를 만든다. 바게트 조각에 반으로 자른 보콘치니 치즈를 올리고 소스를 뿌린다.

참치 라임 카르파초 브루스케타

프라이팬을 달군다. 그 동안 참치를 후추 위에 놓고 굴린 다음, 달궈진 프라이팬에 참치 양면을 각각 10초씩 굽고 최대한 얇게 저민다. 레몬즙에 올리브오일 ½테이블스푼을 넣고 섞어 소스를 만든다. 그릴에 구운 바게트 위에 참치를 얹고 잘게 다진 허브를 올린 다음 소스를 뿌린다.

간단한 손님 초대 요리와 핑거푸드

케일 마늘 브루스케타

케일을 잘게 썰어 올리브오일 3테이블스푼을 두르고 2분간 볶는다. 마늘과 붉은 고추를 얇게 썰어 프라이팬에 넣고 소금 후추를 넉넉히 뿌려 약불에 5분간 더 볶아준다. 그릴에 구운 바게트에 리코타 치즈를 바르고 케일을 얹는다.

간 브루스케타

버터 1테이블스푼을 두르고 닭이나 오리 등 가금류의 간liver을 3분간 볶는다. 여기에 남은 버터, 헤비크림과 입맛대로 소금, 후추를 넣고 섞는다. 드라이 셰리주를 넣고 맛을 본 다음 필요에 따라 간을 조절한다. 냉장고에 30분간 두었다가 꺼내어 그릴에 구운 바게트에 넉넉하게 바른다.

핫소스를 곁들인 어묵 완자
BOULETTES *fish cakes* ET SAUCE PIMENTÉE

분량: 12조각 / 조리시간: 10분
조리도구: 푸드프로세서, 바닥이 두꺼운 프라이팬

쪽파 4줄기

흰 살 생선 필레
(대구, 또는 해덕) 300그램

태국 그린 카레 페이스트
1테이블스푼

찍어 먹을
스위트 칠리 소스

간단한 손님 초대 요리와 핑거푸드

생선과 쪽파를 큼직하게 잘라 푸드프로세서에 넣는다.
여기에 카레 페이스트를 넣어 입자가 균일해질 때까지 갈아준 뒤 프라이팬을 달군다.
갈아놓은 재료를 둥글게 뭉친 후 납작하게 누른다. 달군 프라이팬에 식물성 식용유 2테이블스푼을 두른다. 중불에 완자 양면을 각각 2분씩 노릇하게 굽는다.
스위트 칠리 소스와 함께 뜨거울 때 먹는다.

캐러멜라이즈 초리조와 강낭콩
chorizo CARAMÉLISÉ ET HARICOTS

분량: 2인분(앙트레 또는 타파스)
조리시간: 8분 / 조리도구: 프라이팬, 체

초리조 250그램

꿀 2테이블스푼

강낭콩
(카넬리니 빈)
400그램

셰리식초
1테이블스푼

프라이팬을 달구고 올리브오일 1테이블스푼을 두른다.
프라이팬이 달궈지는 동안 초리조의 껍질을 벗겨 1센티미터 두께로 썬다.
중불에 4분간 바삭하게 굽는다. 분량의 식초와 꿀을 추가하여 국물이 끓어오르기 시작할 때까지 저어준다.
통조림의 물기를 빼고 강낭콩을 깨끗한 물에 헹군다. 불세기를 낮춘 상태에서 강낭콩을 넣고
뜨거워질 때까지 저어준다. 소금, 후추로 간한다.

애호박 국수 프리타타
FRITTATA À LA *courgette* ET NOUILLES

분량: 4인분 / 조리시간: 10분
조리도구: 샐러드 볼, 논스틱 코팅 프라이팬(지름 20cm), 큰 접시

생 쌀국수
(또는 남는 국수)
150그램

애호박 작은 것
약 120그램

체다 치즈
50그램

달걀 3개

간단한 손님 초대 요리와 핑거푸드

달걀을 샐러드 볼에 깨뜨려 넣는다. 치즈를 강판에 갈아 달걀과 섞는다. 애호박은 길쭉한 모양으로 얇게 썬다. 프라이팬을 가열한 후 올리브오일 2테이블스푼을 두르고 애호박이 부드러워질 때까지 2분간 익힌다. 쌀국수를 넣고 1분간 더 익힌다. 익힌 재료를 샐러드 볼에 집어넣고 달걀, 치즈와 섞어 프리타타(frittata, 푼 달걀물에 채소, 육류, 치즈, 파스타 등의 재료를 넣어서 만드는 이탈리아식 오믈렛 – 옮긴이) 반죽을 만든다. 프라이팬을 닦고 올리브오일 2테이블스푼을 두른 다음 샐러드 볼에 담긴 재료를 넣어 익힌다.
프리타타의 아랫면이 노릇해지고 겉면이 단단해질 때까지 중불에 익힌다.
그 다음 프라이팬 위를 접시로 막고 프라이팬을 뒤집어 프리타타를 접시에 옮겼다가 반대 면을 다시 프라이팬에 넣고 익힌다. 약 1분간 익힌 후 바로 먹는다.

구운 고트 치즈와 꿀
chèvre TIÈDE AU MIEL

분량: 2~4인분 / 조리시간: 5분
조리도구: 프라이팬, 얕은 접시, 스패출러, 키친타월

꿀 4테이블스푼

달걀 1개

강력분 10그램

잣 4테이블스푼

단단한 고트 치즈 200그램

프라이팬에 올리브오일을 5밀리미터 높이만큼 붓고 뜨겁게 달군다. 기름이 달궈지는 동안
얕은 접시에 달걀을 푼다. 고트 치즈를 1센티미터 두께로 자르고 강력분을 골고루 묻힌다.
강력분이 너무 많이 묻지 않도록 살짝 털어낸다.
고트 치즈를 달걀에 적신 다음 양면을 각각 1분씩 바삭해질 정도로 노릇하게 굽는다.
키친타월에 올려 기름기를 뺀 뒤 꿀과 잣을 뿌려 바로 먹는다.

할루미 치즈 스파이스 버거
BURGER AU *halloumi* ÉPICÉ

분량: 2인분 / 조리시간: 6분
조리도구: 큰 프라이팬, 볼, 요리붓

치아바타 빵 2장

할루미 치즈
250그램

하리사
1테이블스푼

잘 익은
플럼 토마토 2개

프라이팬을 달구고 올리브오일 2테이블스푼을 두른다. 올리브오일이 달궈지는 동안 볼에 하리사와 올리브오일 1테이블스푼을 넣고 섞는다. 토마토는 반으로, 할루미 치즈는 8조각으로 자른다. 할루미 치즈에 올리브오일을 섞은 하리사를 골고루 바른 다음 프라이팬에 올린다. 토마토는 자른 면이 프라이팬 바닥에 닿게 놓는다.
하루사를 바른 할루미 치즈가 녹기 시작할 때까지 양면을 각각 1~2분간 노릇하게 굽는다. 치아바타 빵 1장에 할루미 치즈 4조각과 토마토 반쪽을 올리고, 나머지 빵에도 똑같이 올린다. 이탈리안 파슬리(플랫 리프flat leaf 파슬리라고도 한다. 곱슬곱슬한 컬리 파슬리와는 다르게 잎이 평평하다 – 옮긴이)와 마요네즈를 곁들여 먹는다.

애호박 페타 치즈 갈레트
GALETTES DE *courgette* ET FETA

분량: 4인분 / 조리시간: 10분
조리도구: 바닥이 두꺼운 큰 프라이팬, 치즈강판, 깨끗한 면포, 샐러드 볼

강력분
1½테이블스푼

페퍼민트 잎
작은 한 줌

페타 치즈 50그램

애호박 작은 것 1개
(약 130그램)

프라이팬을 중불에 달군다. 애호박은 강판에 갈아 면포에 싸서 물기를 짠다.
페퍼민트 잎을 잘게 다진다. 샐러드 볼에 갈아서 물기를 짠
애호박, 페퍼민트 잎, 강력분, 소금, 후추를 넣고 섞는다.
페타 치즈를 잘게 부수어 샐러드 볼에 넣고 손으로 섞은 다음 갈레트(Galette, 식후 디저트나
간식으로 즐기는 프랑스의 달콤한 빵과자이다 – 옮긴이) 4개를 단단하게 만든다.
프라이팬에 올리브오일 2테이블스푼을 두르고 중불에서 갈레트 양면을 각각 2분씩 노릇하게 굽는다.
그린 샐러드를 곁들여 따뜻할 때 먹는다.

가지 스위트 칠리 소스
aubergine PIMENTÉE

분량: 2인분(곁들임 채소) / 조리시간: 10분
조리도구: 그릴팬 또는 바비큐 그릴, 갈릭 프레스, 볼, 요리붓

가지 1개
(약 250그램)

껍질 벗긴
마늘 1쪽

스위트 칠리 소스
4테이블스푼

그릴팬에 올리브오일 2테이블스푼을 두르고 센불에 달군다.(또는 바비큐 그릴을 준비한다.)
팬이 달궈지는 동안 볼을 아래에 두고 갈릭 프레스로 마늘을 으깬 다음 스위트 칠리 소스,
올리브오일 1테이블스푼, 소금, 후추를 넣고 섞는다. 가지는 3밀리미터 두께로 썬 다음
만들어놓은 소스를 양면에 바른다. 이후 그릴팬이나 바비큐 그릴에 올리고
양면을 각각 1~2분씩 부드럽게 구워 살짝 그릴자국을 남긴다.

고트 치즈를 곁들인 파 오믈렛
OMELETTE AU *poireau* ET AU FROMAGE DE CHÈVRE

분량: 1인분 / 조리시간: 5분
조리도구: 작은 논스틱 프라이팬, 볼 2개, 스패츌러

파 작은 것
1개

고트 치즈
50그램

달걀 2개

버터
1테이블스푼

파를 얇게 썬다. 프라이팬에 올리브오일 2테이블스푼을 두르고 파가 부드러워질 때까지 소금, 후추로 간하고 2분간 볶은 후 볼에 담아둔다.

프라이팬을 닦은 후 분량의 버터를 넣고 중불에 달군다.

프라이팬이 달궈지는 동안 달걀을 볼에 풀어 입맛대로 소금, 후추로 간한다.

프라이팬의 버터가 살짝 끓기 시작하면 달걀물을 붓고 그대로 건드리지 않은 채 25초간 익힌다.

스패츌러로 오믈렛 가장자리를 프라이팬 가운데로 살짝 밀면서, 프라이팬을 기울여 달걀물을 익힌다.

오믈렛이 거의 다 익으면 위에 파와 고트 치즈를 올리고 반으로 접는다.

30초간 더 익힌 후 그릇에 옮겨 담는다. 그린 샐러드를 곁들여 바로 먹는다.

동남아시식 소스를 곁들인 두부
tofu ET SAUCE DE L'ASIE DU SUD-EST

분량: 4인분 / 조리시간: 5분
조리도구: 볼, 작은 거품기나 포크, 강판

생강 3센티미터
한 조각

포장용기에 담긴
연두부 350그램

간장
4테이블스푼

가루설탕
1테이블스푼

과립형 다시
2티스푼

간단한 손님 초대 요리와 핑거푸드

간장, 설탕, 다시(dashi, 다랑어포·다시마·멸치 등을 삶아 우려낸 일본식 조미료 – 옮긴이),
찬물 2티스푼을 볼에 넣고 설탕이 녹을 때까지 강하게 젓는다.
두부는 얇게 저민다. 생강은 강판에 갈거나 얇게 채 썬다.
만들어놓은 소스와 생강을 두부에 곁들여 먹는다.

아스파라거스와 파르메산 치즈를 곁들인 빵
TARTINES AUX *asperges* ET PARMESAN

분량: 2인분/ 조리시간: 5분
조리도구: 치즈강판, 샐러드 볼, 필러

레몬즙 조금

파르메산 치즈 50그램

아스파라거스 6개

양질의 유럽식 시골빵 2장

샐러드 볼에 파르메산 치즈를 곱게 갈아 넣고,
엑스트라 버진 올리브오일 2테이블스푼과 레몬즙을 섞어 페이스트를 만든다.
아스파라거스를 손질하여 필러로 길고 얇게 저민다.
빵에 파르메산 치즈 페이스트를 바르고 아스파라거스를 올린다. 후추를 넉넉히 뿌려 먹는다.

빵을 이용한 응용요리
VARIATIONS AUTOUR DES *tartines*

분량: 2인분
아스파라거스와 파르메산 치즈를 곁들인 빵(56~57페이지)
레시피를 바탕으로 만들 수 있는 독창적인 요리

그린 타프나드
4테이블스푼

프로슈토
몇 조각

게르킨 혹은 코니숑
오이피클 몇 개

레몬즙 조금

냉동 완두콩
130그램

생크림
2테이블스푼

그린 타프나드를 곁들인 프로슈토

큼직한 유럽식 시골빵 2장에
타프나드(tapenade, 향미료로 맛을 낸 으깬
올리브에 엑스트라 버진 올리브오일, 앤초비,
케이퍼 등을 더한 소스로, 보통 블랙 올리브로
만든다 – 옮긴이)를 바른다. 그 위에 프로슈토
슬라이스와 잘게 썬 오이피클을 얹는다.

완두콩 퓌레

완두콩을 팔팔 끓는 물에 3분간 푹 익힌 후
콩이 완전히 익을 때까지 기다렸다가 물기를 뺀다.
완두콩에 생크림, 레몬즙을 넣고 올리브오일을 아주
살짝 섞은 후 재료를 으깬다. 소금, 후추를 뿌린다.
유럽식 시골빵 2장에 퓌레를 바른다.
잘게 다진 생 페퍼민트를 뿌린다.

참치 리예트

붉은 양파를 강판에 갈고 케이퍼를 잘게 다져
참치, 머스터드, 생크림, 엑스트라 버진
올리브오일 2테이블스푼과 함께 샐러드 볼에 담은 후
포크로 으깨고 소금, 후추로 간한다.
유럽식 시골빵 2장에 참치 리예트(rillettes, 잘게 다져
기름에 지진 돼지고기 또는 거위고기를 말한다.
여기서는 참치로 만들었다 – 옮긴이)를 바르고
엑스트라 버진 올리브오일을 살짝 뿌린다.

사과와 꿀을 곁들인 리코타 치즈

리코타 치즈를 유럽식 시골빵 2장에 바른다.
사과는 껍질을 벗기고 씨를 제거한 다음 얇게 잘라
리코타 치즈 위에 올린다. 위에 꿀을 뿌린다.

빵을 이용한 응용요리
VARIATIONS AUTOUR DES *tartines*

분량: 2인분
아스파라거스와 파르메산 치즈를 곁들인 빵(56~57페이지)
레시피를 바탕으로 만들 수 있는 독창적인 요리

래디시 한 줌
생 고트 치즈 125그램
레몬즙 조금
마늘 1쪽
차이브 1테이블스푼
곁들여 먹을 씨앗류
레몬즙 ½테이블스푼
강판에 얇게 간 레몬제스트 2티스푼
장식용 고수
허머스 100그램

차이브와 래디시를 곁들인 고트 치즈

고트 치즈를 레몬, 잘게 다진 차이브와 함께 으깬 뒤 큼직한 유럽식 시골빵 2장에 바른다. 래디시를 얇게 저며 빵에 얹고 꽃소금을 뿌린다.

씨앗과 고수를 곁들인 레몬 허머스

레몬즙, 레몬제스트를 허머스와 섞고 큼직한 유럽식 시골빵 2장에 바른다. 위에 씨앗과 고수를 뿌린다.

물기 뺀 강낭콩
(카넬리니 빈) 통조림
125그램

그릭 요거트
4테이블스푼

레몬즙 조금

케이퍼 한 줌

훈제연어 슬라이스
몇 조각

잘게 다진 딜
1테이블스푼

껍질 벗긴
마늘 1쪽

둥글게 썬
초리조 몇 조각

프로마주 블랑
1테이블스푼

마늘, 초리조를 곁들인 강낭콩 퓌레

강낭콩, 마늘, 요거트, 올리브오일 1테이블스푼을
믹서에 갈아 크림 형태로 만든다. 소금, 후추를
넉넉히 뿌리고 유럽식 시골빵 2~4장에 바른다.
위에 초리조를 얹는다.

프로마주 블랑, 훈제연어와 딜

프로마주 블랑(fromage blanc, 프랑스어로
하얀 치즈white cheese라고 불리는 이 생 치즈는 부드럽고 가벼운
풍미를 가지며 빵이나 크래커 등에 발라 먹거나 야채나
과일 등에 찍어 먹는 소프트 타입 치즈이다 – 옮긴이)을
딜과 섞어 큼직한 유럽식 시골빵 2장에 바른다.
얇은 훈제연어 슬라이스와 케이퍼 몇 개를 얹고
레몬즙을 조금 뿌린다.

CHAPITRE 2

수프와 샐러드

soupes & salades

레몬 소스를 뿌린 채소 슬라이스
ÉMINCÉ DE *légumes* AU CITRON

분량: 2인분(앙트레) / 조리시간: 10분
조리도구: 슬라이서, 필러

펜넬과 래디시를 손질한 다음 슬라이서로 얇게 저민다.
아스파라거스는 필러로 두꺼운 줄기부터 뾰족한 윗부분까지 길게 저민다.
레몬즙에 엑스트라 버진 올리브오일 1테이블스푼을 넣고 소금, 후추로 간하여 소스를 만든다.
접시에 채소를 올리고 소스를 뿌린다.

아스파라거스
6~8줄기

래디시
80그램

펜넬 구근
1개

레몬즙
1테이블스푼

비트와 고트 치즈 샐러드
SALADE DE *betteraves* AU FROMAGE DE CHÈVRE

분량: 2인분(앙트레 또는 곁들임 채소)
조리시간: 5분 / 조리도구: 거품기, 볼

익힌 비트
작은 것 4개

생 고트 치즈
4테이블스푼

레몬즙
1테이블스푼

타임
2~3줄기

레몬즙, 엑스트라 버진 올리브오일 2테이블스푼, 타임 잎 ⅔가량에
소금, 후추를 넣고 섞어 소스를 만든다.
이등분한 비트를 다시 반으로 잘라 만들어놓은 소스의 ⅔ 분량을 넣고 섞는다.
이후 큼직한 덩어리로 자른 고트 치즈를 넣고 남은 소스를 뿌린다.
소금, 후추로 넉넉히 간하고 남은 타임 잎을 마저 위에 올린다.

브로콜리 샐러드
SALADE DE *brocolis*

분량: 4인분(곁들임 채소) / 조리시간: 10분
조리도구: 냄비, 얼음물을 담은 샐러드 볼, 샐러드 볼

쌀식초
2테이블스푼

라임즙
25밀리리터

다시
(과립형이나 가루형)
한 꼬집

브로콜리
300그램

간장
1테이블스푼

전기포트에 물을 끓인다. 물이 끓는 동안 브로콜리를 작게 자른다. 냄비에 끓는 물을 붓고 소금을 넉넉히 뿌려 브로콜리를 2분간 데친다. 살짝 아삭거릴 정도여야 한다.
물기를 뺀 후 얼음물에 옮겨 담는다.
간장, 쌀식초, 라임즙, 다시를 볼에 넣고 힘차게 젓는다. 여기에 찬물을 조금 추가하여 소스를 만든다.
이후 브로콜리의 물기를 빼고 볼에 담아 소스가 충분히 묻도록 골고루 섞어준다.
취향에 맞게 소금, 후추를 뿌린다.

곡물과 레드치커리 웜 샐러드
SALADE TIÈDE DE *céréales* ET TRÉVISE

분량: 2인분 / 조리시간: 10분
조리도구: 볼 2그릇, 큰 프라이팬

퀴노아, 스펠트밀 또는 혼합곡물 등 익힌 곡물 250그램

레몬즙 1테이블스푼 + 뿌려 먹을 레몬즙 조금

레드치커리 또는 적양배추 150그램

건크랜베리, 건체리 또는 건포도(터키 이즈미르산) 등 말린 과일 60그램

디종 머스터드 ½티스푼

전기포트에 물을 끓인다. 물이 끓는 동안 레드치커리를 자른다.
레몬즙, 머스터드, 엑스트라 버진 올리브오일 2테이블스푼과 소금, 후추를 볼에 넣고 힘차게 저어 소스를 만든다.
또 다른 볼에 말린 과일을 넣고 끓는 물을 부은 다음 잠시 그대로 둔다. 프라이팬을 달구고
올리브오일 2테이블스푼을 두른다. 익힌 곡물과 레드치커리 또는 적양배추를 넣는다. 곡물이 충분히 데워지고
채소가 부드러워질 때까지 약불에 볶는다. 재료가 충분히 익으면 불을 끄고 물기를 뺀 말린 과일을 넣는다.
만들어놓은 소스를 넣고 섞는다. 꽃소금과 레몬즙을 뿌려 먹는다.

엔다이브 베이컨 샐러드
SALADE *endives* ET LARDONS

분량: 2인분 / 조리시간: 6분
조리도구: 작은 프라이팬, 샐러드 볼

엔다이브
150그램

두툼한 베이컨
60그램

레드와인 식초
2테이블스푼

디종 머스터드
1티스푼

게르킨 오이피클
30그램

수프와 샐러드

프라이팬을 센불에 달구고 게르킨 오이피클을 먹기 좋은 크기로 자른다.
샐러드 볼에 엑스트라 버진 올리브오일 3테이블스푼, 머스터드, 소금, 후추를 넣고 섞는다.
게르킨 오이피클과 엔다이브 잎을 넣되 섞지는 않는다.
올리브오일을 한 방울 넣고 베이컨이 바삭해지도록 3분간 볶는다.
여기에 식초를 뿌려 섞은 다음 30초간 부글거리도록 놔둔다.
베이컨을 프라이팬에 남은 육즙과 함께 샐러드 볼에 넣고 잘 섞는다.

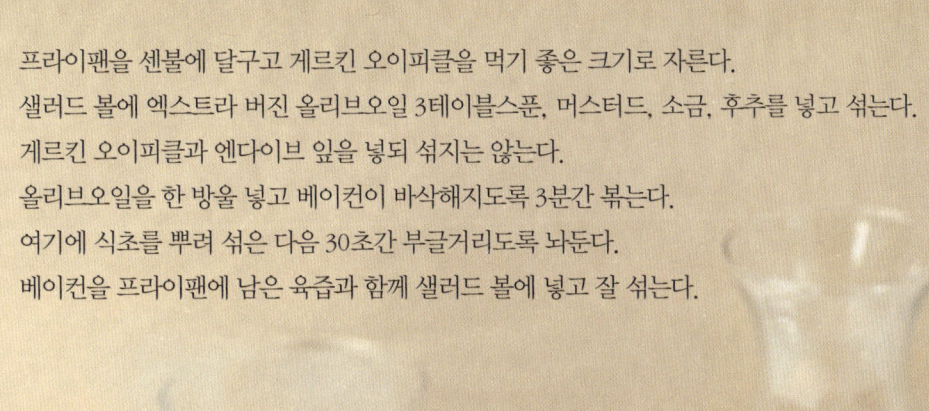

파투시 샐러드
SALADE fattouche

분량: 2인분 / 조리시간: 8분
조리도구: 샐러드 볼

- 작은 오이 1개 (약 150그램)
- 잘 익은 토마토 2개
- 레몬즙 1테이블스푼
- 피타빵 또는 밀가루 토르티야 1장
- 수막 1티스푼

오븐그릴을 가열하여 빵 또는 토르티야가 바삭하고 노릇해질 때까지 굽는다. 그동안 레몬즙, 엑스트라 버진 올리브오일 1테이블스푼, 소금, 후추를 샐러드 볼에 넣고 힘차게 젓는다.
토마토와 오이를 작게 깍둑썰기 하고 빵 또는 토르티야도 적당한 크기로 썬다. 샐러드 볼에 담고 수막(sumac, 옻나무 향신료로 새콤한 맛과 향을 내며 고기와 샐러드에 사용한다.
국내에서도 시판제품을 구입할 수 있다—옮긴이)을 뿌린다.
맛을 보면서 간을 맞춘 다음 조심스럽게 섞어준다.

• 파투시 fattouche, 빵과 채소가 들어간 레바논 샐러드 – 옮긴이

무화과 시금치 샐러드
SALADE FIGUES ET
épinards

분량: 2인분 / 조리시간: 5분
조리도구: 샐러드 볼

시금치
60그램

레몬즙
1테이블스푼

하리사
1½티스푼

생 무화과
4개

샐러드 볼에 하리사, 레몬즙, 엑스트라 버진 올리브오일 1½테이블스푼,
찬물 1테이블스푼을 넣고 잘 섞어준다. 취향에 맞게 소금, 후추를 뿌린다.
무화과를 세로로 사등분하여 시금치와 함께 샐러드 볼에 담는다.
시금치에 소스가 잘 스미도록 살살 섞어준다.

허브 샐러드
SALADE *d'herbes*

분량: 2인분(앙트레, 곁들임 채소)
조리시간: 3분 / 조리도구: 샐러드 볼

장식용으로
잘게 다진 호두

각종 허브 또는
샐러드용 어린잎
(이탈리안 파슬리/페퍼민트/
바질/레드 아마란스/루콜라/
완두콩 잎/고수/래디시 잎 등)

뿌려 먹을 용도의
견과유

허브, 어린잎, 호두를 샐러드 볼에 넣고 섞는다. 견과유, 레몬즙을 뿌린 다음
소금, 후추를 넣고 살살 섞는다.
먹기 전에 잘게 다진 호두를 뿌린다.

토마토, 모차렐라, 바질 샐러드
SALADE DE *tomates*, MOZZARELLA ET BASILIC

분량: 2인분(메인요리) 또는 4인분(앙트레)
조리시간: 3분 / 조리도구: 서빙접시

잘 익은 에어룸
토마토 3개

모차렐라 치즈
2덩어리

바질 잎
10장

수프와 샐러드

에어룸 토마토(heirloom, 교배나 유전자 조작을 거치지 않은 토종 품종의 토마토 – 옮긴이)와 모차렐라 치즈를 얇게 썰어 접시에 올린다. 꽃소금과 갓 갈아놓은 흑후추로 간하고 바질을 올린다. 엑스트라 버진 올리브오일을 살짝 뿌려 먹는다.

토마토와 모차렐라를 이용한 응용요리
VARIATIONS AUTOUR DES
tomates-mozza

분량: 2인분(메인요리) 또는 4인분(앙트레)
토마토, 모차렐라, 바질 샐러드(80~81페이지) 레시피를 바탕으로
만들 수 있는 독창적인 요리

- 엑스트라 버진 올리브오일 3테이블스푼
- 발사믹 식초 1테이블스푼
- 생 무화과 3개
- 프로슈토 슬라이스 6조각
- 아스파라거스 윗부분 8줄기

수프와 샐러드

무화과와 프로슈토

세로로 길게 자른 무화과, 프로슈토,
둥글게 썬 모차렐라 치즈 2덩어리, 바질 잎
10장을 접시에 올린다.
엑스트라 버진 올리브오일과
발사믹 식초를 잘 섞어 샐러드 위에 뿌린다.

아스파라거스

'토마토, 모차렐라, 바질 샐러드'(80~81쪽 참고)를
준비하는 동안 그릴팬을 달군다. 아스파라거스에
올리브오일을 바르고 계속 뒤집어주며 부드러워질
때까지 4~6분간 그릴팬에 굽는다.
샐러드와 함께 그릇에 담고
엑스트라 버진 올리브오일을 뿌린다.

케이퍼
1테이블스푼

오일에 절인
앤초비 필레 3장

껍질 벗긴 마늘
½쪽

잘 익은 아보카도
1개

완두콩 어린잎
한 줌

앤초비와 케이퍼

'토마토, 모차렐라, 바질 샐러드'의 재료 중 바질을 빼고
준비한다. 잘게 썬 앤초비, 껍질 벗긴 마늘,
잘게 썬 케이퍼, 엑스트라 버진 올리브오일
4테이블스푼을 섞어 샐러드에 뿌린다.

아보카도와 완두콩 어린잎

'토마토, 모차렐라, 바질 샐러드'의 재료 중
바질을 빼고 준비한다. 완두콩의 어린잎과
잘 익은 아보카도를 얇게 썰어 바질 대신 넣는다.

레물라드 소스를 곁들인 채소 샐러드
RÉMOULADE DE *légumes*

분량: 2인분 / 조리시간: 10분
조리도구: 슬라이서 또는 강판이 있는 푸드프로세서, 샐러드 볼

큼직한 당근
2개

생크림
2테이블스푼

생 비트
200그램

자타르
3티스푼

마요네즈
2테이블스푼

당근과 비트의 껍질을 벗기고 슬라이서나 푸드프로세서로 가늘게 채 썬다. 마요네즈, 생크림, 자타르(zatar, 말린 허브로 만든 중동의 혼합 향신료로, 국내에서 시판제품을 구매할 수 있다 - 옮긴이)를 채 썬 재료와 함께 샐러드 볼에 넣고 섞는다. 소금, 후추를 충분히 뿌린다. 바로 먹거나 냉장고에 보관하여 풍미가 사라지지 않도록 한다.

병아리콩 샐러드
SALADE DE *pois chiches*

분량: 2인분 / 조리시간: 5분
조리도구: 샐러드 볼, 체

껍질 벗긴
붉은 양파 1개

파슬리
작은 1단

병아리콩 통조림
400그램

커민 가루
½~1티스푼

레몬즙
1테이블스푼

붉은 양파를 잘게 다져 샐러드 볼에 담는다. 여기에 레몬즙과 꽃소금 한 꼬집을 넣고 뒤적인다.
파슬리 잎을 큼직하게 썰어 넣는다.
통조림 병아리콩을 체에 밭쳐 물기를 뺀 후 통조림 담금액이 최대한 사라지도록
깨끗한 물에 흔들면서 헹군다. 병아리콩을 샐러드 볼에 담고 커민 가루(양은 취향에 따라 조절한다),
갓 갈아놓은 흑후추, 엑스트라 버진 올리브오일 1테이블스푼과 섞는다.
맛을 보고 소금, 후추, 레몬즙으로 간을 맞춘다.

쿠스쿠스 스프링 샐러드
couscous PRINTANIER

분량: 4인분(곁들임 채소) / 조리시간: 10분
조리도구: 내열 샐러드 볼

레몬즙
1~2테이블스푼

페타 치즈
100그램

쿠스쿠스
150그램

냉동 완두콩
100그램

페퍼민트
한 단

전기포트에 물 500밀리리터를 끓인다. 물이 끓는 동안 페퍼민트 잎을 잘게 다지고,
페타 치즈는 적당한 크기로 자른다. 샐러드 볼에 쿠스쿠스를 담고 끓는 물을 부은 후
완두콩과 꽃소금을 크게 한 꼬집 넣고 섞는다. 랩에 씌워 5분간 둔다.
샐러드 볼에 페퍼민트, 엑스트라 버진 올리브오일 1테이블스푼, 레몬즙 1테이블스푼, 소금, 후추를 넣고
포크를 이용해 섞는다. 맛을 보고 필요하면 레몬즙, 소금 또는 후추를 첨가하여 간을 맞춘다.
페타 치즈를 뿌려 먹는다.

그릴에 구운 쉬크린과 두카
COEURS DE *sucrine* GRILLÉS ET DUKKAH

분량: 2인분 / 조리시간: 10분
조리도구: 그릴팬 또는 바닥이 두꺼운 프라이팬, 갈릭 프레스, 붓, 서빙접시

방울토마토
75그램

쉬크린 상추
2개

두카 2테이블스푼

껍질 벗긴
마늘 1쪽

레몬즙
1테이블스푼

수프와 샐러드

그릴팬 또는 프라이팬을 센불에 가열한다. 그동안 갈릭 프레스로 마늘을 으깨어 엑스트라 버진 올리브오일 3테이블스푼, 레몬즙, 소금, 후추와 섞어 마늘 소스를 만든다.
쉬크린 상추(sucrine, 상추 품종 중 하나로 크기가 작고 단맛이 나며, 남프랑스에서 주로 재배된다. 라틴상추에 속한다 – 옮긴이)를 통으로 세로로 길게 이등분한다.
자른 단면에 마늘 소스를 바르고 2분간 노릇하게 굽는다. 자른 면을 먼저 굽고 그 다음 나머지 면을 굽는다. 구운 상추를 접시에 담은 뒤 방울토마토를 반으로 잘라 샐러드 위에 올린다. 남은 마늘 소스와 두카(Dukkah, 여러 가지 허브, 아몬드, 헤이즐넛과 같은 넛츠, 커민, 고수와 같은 향신료를 섞은 중동 양념 – 옮긴이)를 뿌려 먹는다.

부라타 치즈와 그릴에 구운 복숭아
COEURS DE *sucrine* GRILLÉS ET DUKKAH

분량: 4인분 / 조리시간: 10분
조리도구: 쿠킹호일을 깐 오븐 팬, 서빙접시

잘 익은 복숭아 4개

루꼴라 잎 한 줌

부라타 치즈 400그램

발사믹 식초 1테이블스푼

오븐팬을 최대온도로 가열한다. 복숭아를 이등분하여 씨를 제거한 후 다시 반으로 잘라 오븐팬에 놓고 양면을 각각 2분씩 익힌다.

엑스트라 버진 올리브오일 3테이블스푼, 발사믹 식초, 소금, 후추를 섞어 비네그레트 소스를 만든다.

부라타 치즈를 적당한 크기로 자르거나 손으로 뜯어서 복숭아와 함께 접시에 올린다.

루꼴라를 넣고 만들어놓은 비네그레트 소스를 뿌려 바로 먹는다.

부라타 치즈 응용요리
VARIATIONS AUTOUR DE LA *burrata*

분량: 2인분
부라타 치즈와 그릴에 구운 복숭아(92~93쪽) 레시피를 바탕으로
만들 수 있는 독창적인 요리

오렌지즙
2테이블스푼

아스파라거스 윗부분
100그램

버터
2테이블스푼

껍질 벗긴
마늘 2쪽

고수 씨앗
1½테이블스푼

잘게 다진 고수 잎
2스푼 가득

오렌지와 고수

달궈진 프라이팬에 말린 고수 씨앗을
2분간 볶은 다음 절구에 살짝 빻는다.
잘게 다진 고수 잎을 오렌지즙과 올리브오일
2테이블스푼과 섞은 다음 빻은 고수 씨앗을 뿌린다.
부라타 치즈(200그램) 2덩어리를 적당한 크기로
자르거나 손으로 뜯어서 올린 후
비네그레트 소스를 뿌린다.

아스파라거스와 마늘버터

마늘을 얇게 썬다. 프라이팬을 달구고 올리브오일
1테이블스푼을 두른 후 아스파라거스 윗부분이
연두색이 될 때까지 센불에서 2~3분간 익힌다.
불세기를 줄인 상태에서 마늘과 버터를 넣고 1분간 더 볶는다.
부라타 치즈(200그램) 2덩어리를 적당한 크기로 자르거나
손으로 뜯어서 올린다. 비네그레트 소스를 뿌려
아스파라거스와 함께 먹는다.

수프와 샐러드

잠두콩과 페퍼민트

끓는 소금물에 잠두콩을 4분간 데쳐 부드럽게 만든다. 콩을 데치는 동안 엑스트라 버진 올리브오일 3테이블스푼에 레몬즙, 잘게 다진 페퍼민트 잎, 소금, 후추를 넣고 힘차게 저어 잠두콩 소스를 만든다. 잠두콩의 물기를 빼서 흐르는 찬물에 깨끗이 씻은 후 소스와 섞는다. 부라타 치즈(200그램) 2덩어리를 적당한 크기로 자르거나 손으로 뜯어서 올린 다음 만들어놓은 잠두콩 소스를 묻힌다.

껍질 벗긴 냉동 잠두콩 100그램
레몬즙 1테이블스푼
강판에 곱게 간 레몬제스트 2티스푼
빵가루 30그램
잘게 다진 오레가노 잎 2티스푼
페퍼민트 잎 10장
껍질 벗긴 마늘 2쪽

오레가노와 빵가루

프라이팬을 달구고 올리브오일 1테이블스푼을 두른다. 중불에 2분간 빵가루와 빻은 마늘을 노릇하게 볶은 뒤 샐러드 볼에 옮겨 담고 오레가노 잎과 레몬제스트를 넣는다. 부라타 치즈(200그램) 2덩어리를 적당한 크기로 자르거나 손으로 뜯어서 올린다. 빵가루를 베이스로 섞어놓은 재료들과 엑스트라 버진 올리브오일을 뿌려 먹는다.

구운 피망 수프
SOUPE AUX *poivrons* RÔTIS

분량: 2인분 / 조리시간: 10분
조리도구: 바닥이 두꺼운 프라이팬, 블렌더

구운 피망 병조림
250그램(물기 뺀 중량)
+ 병조림 오일
2테이블스푼

껍질 벗긴
마늘 2쪽

바질 잎
5장

껍질 벗긴
양파 1개

채소스톡
400밀리리터 분량

전기포트에 물 400밀리리터를 끓인다. 물이 끓는 동안 양파와 마늘을 큼직하게 썬다.
프라이팬을 달군 다음 구운 피망 병조림의 오일 2스푼을 두르고 양파와 마늘을 약불에 5분간 볶는다.
피망을 큼직하게 썰어 프라이팬에 넣고 함께 볶는다.
분량의 끓는 물을 프라이팬에 모두 붓고 입맛대로 채소스톡을 섞는다. 소금, 후추를 뿌린다.
블렌더에 옮겨 담고 바질을 넣는다. 원하는 질감이 나올 때까지 블렌더에 간다.
필요에 따라 끓는 물을 조금 더 넣거나 소금, 후추로 간한다.
수프에 빵과 버터를 곁들여 차갑거나 따뜻하게 먹는다.

핫소스 소고기 국수
BOUILLON DE *boeuf* PIMENTÉ

분량: 2인분 / 조리시간: 10분
조리도구: 그릴팬, 냄비

소고기 스톡
500밀리리터 분량

스리라차 소스 또는
다른 핫소스

에그누들
(생면 또는 건면)
120그램

등심 또는 갈비살
250그램

쪽파 2줄기

전기포트에 물 500밀리리터를 끓이고 그릴팬을 센불에 달군다. 물이 끓는 동안 쪽파를 얇게 썬다.
고기 겉면에 식용유 소량을 문지르듯 바르고 소금, 후추를 넉넉히 뿌린다.
냄비에 분량의 끓는 물을 모두 붓고 스톡을 넣는다. 취향에 따라 쪽파, 에그누들,
스리라차 소스도 첨가한다. 잘 섞은 다음 그대로 두어 천천히 익힌다.
고기를 30초마다 뒤집으면서 그릴팬에 3~4분간 굽는데, 이때 굽기 정도는 취향에 맞춘다.
다 구운 고기는 쿠킹호일로 감싸둔다.
만들어 놓은 수프를 볼에 붓고 고기를 잘라 올린다.

두부 된장국
SOUPE *miso* AU TOFU

분량: 2인분 / 조리시간: 6분
조리도구: 냄비, 볼

다시
(과립형이나 가루형)
2티스푼

연두부
100그램

미소된장
2테이블스푼

쪽파 2줄기

전기포트에 물 500밀리리터를 끓인다. 물이 끓는 동안 쪽파를 얇게 썰고 두부는 1센티미터 두께의 정사각형 모양으로 자른다.

냄비에 끓는 물을 모두 붓고 다시를 넣는다. 다시가 녹을 때까지 저어주며 중불에서 끓인다.

쪽파, 두부를 넣고 재료가 끓을 때까지 1분간 더 끓인다.

다시 물 2테이블스푼에 미소된장을 풀어 냄비에 붓고 잘 섞은 후 바로 먹는다.

완두콩 햄 수프
SOUPE *petits pois* ET JAMBON

분량: 4인분 / 조리시간: 6분
조리도구: 큰 냄비, 블렌더

냉동 완두콩
400그램

생크림
3티스푼

햄
100그램

치킨스톡
600밀리리터 분량

수프와 샐러드

전기포트에 물 600밀리리터를 끓인다. 냄비에 끓는 물을 붓고 스톡과 완두콩을 넣는다.
약불에 4분간 끓인다. 그동안 햄을 네모나게 자른다.
냄비의 내용물과 햄 절반을 블렌더에 넣고 크림 같은 질감이 되도록 간다.
너무 되직하다 싶으면 물을 추가한다.
원하는 질감이 나왔으면 내용물을 냄비에 옮겨 담고 생크림을 넣은 후 저으면서 다시 끓인다.
소금, 후추를 뿌린다. 남은 햄과 함께 볼에 담아 먹는다.

핫소스 수프
SOUPE *pimentée*

분량: 2인분 / 조리시간: 5분
조리도구: 블렌더, 냄비

붉은 강낭콩 통조림
400그램

다진 토마토 통조림
200그램

커민 가루
½티스푼

훈제 파프리카 가루
1티스푼 또는 할라피뇨
페이스트 2티스푼

소고기 스톡
200밀리리터 분량

전기포트에 물 200밀리리터를 끓인다.
모든 재료를 블렌더에 넣고 끓는 물을 부은 후
크림 같은 질감이 되도록 갈아준다.
냄비에 옮겨 담아 중불에 끓인다.

콜리플라워 마살라 수프
SOUPE DE *chou-fleur* ET GARAM MASALA

분량: 4인분 / 조리시간: 10분
조리도구: 치즈강판, 큰 냄비, 블렌더

콜리플라워
450그램

채소스톡
1리터 분량

가람 마살라
1테이블스푼

헤비 생크림
3테이블스푼

전기포트에 물 1리터를 끓인다. 물이 끓는 동안 콜리플라워를 강판에 간다. 냄비를 달구고 올리브오일 2테이블스푼을 두른 후 콜리플라워와 가람 마살라(Garam Masala, 마살라는 향신료의 블랜드로 매운 마살라가 가람 마살라이다. 다양한 종류가 있지만 일반적으로 카다몸, 시나몬, 클로브, 넛멕, 후추를 이용해 만든다. 블랜딩에 따라 넛멕을 넣지 않을 때도 있다 – 옮긴이)를 넣어 몇 분간 저어주며 중불에 끓인다. 이때 콜리플라워가 부드러워지되 노릇해지지는 않도록 주의한다.

냄비에 끓는 물 1리터를 붓는다. 스톡을 넣고 풀어준 다음 약불에 5분간 끓인다.

블렌더에 옮겨 담고 크림 같은 질감이 되도록 갈아준다. 냄비에 다시 옮겨 담고 생크림, 소금, 후추를 넣는다. 약불에 데워 빵을 곁들여 먹는다.

흰 강낭콩 수프
SOUPE DE *haricots blancs*

분량: 2인분 / 조리시간: 5분
조리도구: 블렌더, 냄비

타히니
2테이블스푼

흰 강낭콩 통조림
(카넬리니 빈) 800그램

껍질 벗긴
마늘 2쪽

채소스톡
1리터 분량

라스 엘 하누트
1티스푼

전기포트에 물 400밀리리터를 끓인다. 흰 강낭콩 통조림의 물기를 빼는데,
이때 통조림 물을 2테이블스푼 남겨둔다.
블렌더에 흰 강낭콩, 끓는 물 300밀리리터, 채소스톡, 타히니(tahini, 참깨 소스 - 옮긴이), 마늘,
라스 엘 하누트(ras al hanout, 북아프리카 향신료 - 옮긴이), 엑스트라 버진 올리브오일 2테이블스푼,
남겨놓은 통조림 물 2테이블스푼을 넣고 간 다음 소금, 후추를 넉넉히 뿌린다.
수프가 너무 되직하다 싶으면 물을 추가한다.
수프를 냄비에 옮겨 담고 중불에 데운다. 간이 맞는지 확인하고 바로 먹는다.

아보카도 크림 수프
SOUPE CRÉMEUSE d'avocat

분량: 2인분(메인요리) 또는 4인분(앙트레)
조리시간: 5분 / 조리도구: 블렌더

타바스코®
(취향에 따라 넣는다)

옥수수 통조림
150그램

라임즙
75밀리리터

잘 익은
아보카도 2개

코코넛 밀크
240밀리리터

아보카도는 살만 발라 블렌더에 넣는다. 옥수수, 코코넛 밀크, 레몬즙, 타바스코®,
찬물 400밀리리터를 블렌더에 넣고 소금, 후추를 충분히 뿌린 다음 크림 같은 질감이 되도록 간다.
수프가 너무 되직하다 싶으면 물을 조금 추가한 후 간이 맞는지 확인한다.
얼음을 넣어 차게 먹거나, 시간이 충분하다면 냉장고에 넣어두었다가 시원하게 즐겨도 좋다.

토마토와 빵 수프
SOUPE DE *tomates* AU PAIN

분량: 2~4인분 / 조리시간: 10분
조리도구: 샐러드 볼, 볼, 블렌더, 체

껍질 벗긴 아몬드 슬라이스 40그램

껍질 벗긴 마늘 2쪽

곁들여 먹을 세라노 햄

눅눅한 흰 빵 80그램

잘 익은 토마토 1킬로그램

수프와 샐러드

빵을 잘라 샐러드 볼에 넣고 찬물을 조금 붓는다. 토마토와 마늘을 썰어서 아몬드와 함께 블렌더에 넣고, 최대한 크림 같은 질감이 되도록 간다. 깨끗한 샐러드 볼을 아래 두고 블렌더에 간 재료를 숟가락 뒷부분으로 눌러 체에 거른다. 덩어리들은 버리고, 체에서 거른 내용물만 블렌더에 다시 옮겨 담는다.
이 블렌더에 물에 적신 빵, 엑스트라 버진 올리브오일 1½테이블스푼, 꽃소금 ½티스푼을 한데 섞어 간다. 수프가 너무 되직하다 싶으면 물을 조금 추가한다. 시간이 충분하다면 냉장고에 넣어두었다가 차갑게 먹는다. 세라노 햄을 잘게 썰어 수프에 넣어 먹는다.

오이와 페퍼민트 수프
SOUPE DE *concombre* À LA MENTHE

분량: 2인분 / 조리시간: 8분
조리도구: 프라이팬, 블렌더,
얼음 5조각(수프에 띄워먹을 용으로 몇 조각 더 준비한다)

쪽파 4줄기

페퍼민트 잎 5장

오이 400그램

그릭 요거트 3테이블스푼

껍질 벗긴 마늘 1쪽

수프와 샐러드

오이는 껍질을 벗겨 적당한 크기로 자른다. 쪽파와 마늘은 얇게 썬다.
프라이팬에 올리브오일 1~2테이블스푼 두르고 오이, 쪽파, 마늘이 부드러워질 때까지
약 2분간 볶다가 꽃소금과 갓 갈아놓은 흑후추로 간한다.
볶은 재료들을 블렌더에 옮겨 담고 페퍼민트와 얼음 5조각을 넣고 간다.
이때 질감은 취향에 따라 묽게 해도, 혹은 크림 같이 해도 좋다.
그릭 요거트를 넣고 다시 간 다음 얼음을 넣어 먹는다.

클래식 채소 수프
soupe DE LÉGUMES CLASSIQUE

분량: 4인분 / 조리시간: 10분
조리도구: 뚜껑 있는 큰 냄비, 갈릭 프레스

표고버섯 또는 말린
그물버섯 한 줌

채소스톡
1.5리터 분량

껍질 벗긴
마늘 3쪽

중간 크기 파
1줄기

중간 크기의
당근 2개

전기포트에 물 1.5리터를 끓인다. 냄비를 중불에 달궈 올리브오일 2테이블스푼을 두른다.
당근은 껍질 벗겨 작은 크기로 반달썰기 하여 냄비에 넣고 볶는다.
파를 얇게 썰어 냄비에 넣고 볶는다. 갈릭 프레스로 마늘을 으깨어 넣고 2분간 더 볶는다.
분량의 끓는 물을 냄비에 붓고 스톡(큐브형이나 가루형)과 버섯을 첨가한 다음 약불에 5분간 끓인다.
간이 맞는지 확인한다.

클래식 채소 수프 응용요리
VARIATIONS AUTOUR DE LA *soupe* DE LÉGUMES

분량: 4인분
클래식 채소수프(116~117페이지) 레시피를 바탕으로
만들 수 있는 독창적인 요리

쌀국수
150그램

하리사
1½티스푼

양념 채소 수프

클래식 채소 스프를 끓일 때
스톡과 하리사를 함께 넣는다.

누들 채소 수프

클래식 채소 스프를 끓일 때
스톡과 누들을 함께 넣고 끓인다.

잣이 들어간 그레몰라타 채소 수프

잘게 다진 파슬리, 레몬제스트, 구워서 잘게 다진 잣을 섞은 다음 수프에 뿌려 먹는다.

• 그레몰라타 gremolta, 이탈리아 그린 소스 – 옮긴이

강낭콩 채소 수프

버섯과 강낭콩을 함께 넣는다. 강낭콩 통조림에 소금, 후추가 충분하니, 맛을 보고 수프의 간을 확인한다.

CHAPITRE 3

파스타와 라비올리

pasta & ravioli

클래식 토마토 소스 파스타
sauce tomate CLASSIQUE

분량: 4인분 / 조리시간: 10분
조리도구: 바닥이 두꺼운 프라이팬, 큰 냄비, 거름국자

펜네
400그램

파사타(토마토 쿨리)
500그램

마늘 2쪽

바질 잎 한 줌

전기포트에 물을 끓이고 프라이팬을 달군다. 물이 끓는 동안 마늘 껍질을 벗겨 으깬다.
냄비에 끓는 물을 붓고 펜네를 넣어 포장지에 적힌 조리법대로 삶아 물기를 뺀다.
펜네에 올리브오일을 섞어둔다.
프라이팬을 달구고 올리브오일 2테이블스푼을 두른 다음 마늘을 중불에서
노릇해질 때까지 볶아 마늘기름을 만든 후 마늘은 거름국자로 건져내어 버린다.
프라이팬에 파사타를 넣고 저어주며 천천히 익힌다. 살짝 졸인 다음
꽃소금과 후추를 넉넉히 뿌리고 바질 잎을 잘게 다져 소스에 넣는다.
물기를 뺀 펜네에 소스를 잘 섞어서 먹는다.

클래식 토마토 소스 응용요리
VARIATIONS AUTOUR DE LA *sauce tomate*

분량: 4인분
클래식 토마토 소스(122~123페이지) 레시피를 바탕으로
만들 수 있는 독창적인 요리

페퍼 플레이크 ¼ 티스푼
(원하면 양을 늘려도 좋다)

블랙 올리브 40그램

달걀 4개

치포슬 칠리 소스,
스리라차 소스 또는
기타 핫소스 1~2티스푼

오일에 절인
앤초비 필레 4장

우에보스 란체로스

클래식 토마토 소스를 바질을 빼고 요리한다.
여기에 치포슬 칠리(chipotle chilli, 칠리고추를 훈제하여
말린 소스—옮긴이)나 스리라차 등 핫소스를 추가한다.
프라이팬에 달걀을 넣고 중불에 2분간 익힌다.
흰자만 익고 노른자는 반숙상태가 되도록 뚜껑을
덮은 뒤 1~2분간 더 익혀 함께 먹는다.

페퍼 플레이크, 올리브와 앤초비

클래식 토마토 소스에 잘게 다진 앤초비와
마늘을 넣는다. 잘게 다진 블랙 올리브와
페퍼 플레이크(pepper flake, 고추를 말려
빻은 가루—옮긴이)를 넣는다. 약불에 몇 분간 익혀
면과 함께 먹는다.

붉은 피망 1개

애호박 2개

훈제베이컨 또는
초리조 100그램

잘게 다진 타임
1테이블스푼

마늘 2쪽

간단한 라따뚜이

가지, 피망, 마늘을 얇게 썬다. 올리브오일
2테이블스푼을 두르고 재료들이 부드러워질 때까지
볶는다. 파사타 500그램을 넣고 클래식 토마토 소스
레시피대로 요리하되, 이번에는 볶은 마늘을
버리지 않고 면소스로 버무려 먹거나 생선이나 그릴에
구운 닭요리에 곁들여 먹는다.

베이컨 또는 초리조

베이컨이나 초리조를 잘게 썬다. 올리브오일을
아주 살짝 두르고 가장자리가 바삭해질 때까지
볶는다. 마늘을 넣고 1분간 더 볶다가
파사타 500그램, 잘게 다진 타임, 소금, 후추를
넣는다. 약불에 몇 분간 익혀 면과 함께 먹는다.

까르보나라 스파게티
SPAGHETTIS *carbonara*

분량: 2인분 / 조리시간: 10분
조리도구: 치즈강판, 샐러드 볼, 큰 냄비, 프라이팬

스파게티 생면
250그램

두툼한 훈제 베이컨
100그램

달걀 2개
+ 여분의 달걀 노른자 1개

파르메산 치즈 50그램
+ 뿌려 먹을 파르메산
치즈 조금

전기포트에 물을 끓인다. 물이 끓는 동안 샐러드 볼을 아래에 두고 파르메산 치즈를 강판에 간다.
여기에 분량의 달걀과 달걀노른자를 넣고 잘 풀어준 다음 후추를 뿌린다.
냄비에 끓는 물을 쏟아 붓고 소금을 넉넉히 뿌려 스파게티를 넣은 다음 포장지에 적힌
조리법대로 삶아 물기를 빼고 올리브오일과 섞어둔다. 면 삶은 물을 몇 테이블스푼 남겨둔다.
프라이팬에 올리브오일 1테이블스푼을 두르고 베이컨의 가장자리가 바삭해질 때까지 굽는다.
베이컨을 익힌 프라이팬에 스파게티와 면 삶은 물을 함께 붓고 풀어놓은 달걀도 넣은 다음
아주 약한 불에서 익힌다. 달걀과 면 삶은 물이 크림소스처럼 조려질 때까지 익힌 후
파르메산 치즈를 뿌려 바로 먹는다.

아보카도 페스토 뇨키
GNOCCHIS AU PESTO
d'avocat

분량: 푸짐한 2인분 / 조리시간: 6분
조리도구: 블렌더나 푸드프로세서, 큰 냄비

잘 익은 아보카도 1개

잣 35그램

바질 잎 한 줌

마늘 1~2쪽

뇨키 400그램

파스타와 라비올리

전기포트에 물을 끓인다. 마늘 껍질을 벗겨 블렌더나 푸드프로세서에 넣고 아보카도, 잣, 바질, 올리브오일 1½테이블스푼, 소금, 후추도 함께 넣어 크림 같은 질감이 되도록 갈아 페스토를 만든다.
냄비에 끓는 물을 쏟아 붓고 소금을 넉넉히 뿌린 후 뇨키를 넣는다.
포장지에 적힌 조리법대로 뇨키를 삶은 다음 물기를 뺀다.
만들어놓은 아보카도 페스토와 뇨끼를 섞고 엑스트라 버진 올리브오일을 아주 살짝 뿌려 바로 먹는다.

레몬과 리코타 치즈를 넣은 링귀네
LINGUINE AU *citron* ET RICOTTA

분량: 2인분 / 조리시간: 5분
조리도구: 치즈강판, 큰 냄비, 프라이팬, 체

링귀네 생면 250그램

레몬 1개

리코타 치즈 150그램

껍질 벗긴 마늘 1쪽

바질 잎 작은 한 줌

파스타와 라비올리

전기포트에 물을 끓인다. 물이 끓는 동안 마늘을 얇게 썰고 레몬을 강판에 곱게 갈아
레몬제스트를 만든다. 냄비에 뜨거운 물을 쏟아 붓고 소금을 넉넉히 뿌려 포장지에 적힌
조리법대로 면을 삶은 후 체에 밭쳐 물기를 빼고 올리브오일과 섞어둔다.
면 삶은 물을 몇 테이블스푼 남겨둔다.
그동안 레몬제스트, 리코타 치즈, 레몬즙을 섞어 크림 소스를 만든다.
프라이팬에 올리브오일 1테이블스푼을 두르고 약불에 마늘이 살짝 노릇해질 때까지 볶은 다음
불을 끄고 면을 넣어 조심스럽게 섞는다. 크림 소스와 남겨둔 면 삶은 물을 넣고
약불과 중불 사이에서 살짝 조린다.

정어리, 잣, 건포도 스파게티
PÂTES AUX *sardines*, PIGNONS ET RAISINS SECS

분량: 2인분 / 조리시간: 10분
조리도구: 갈릭 프레스, 프라이팬, 큰 냄비, 체

스파게티 생면 500그램

건포도 25그램

껍질 벗긴 마늘 2쪽

잣 25그램

물기를 뺀 정어리 통조림 150그램

전기포트에 물을 끓인다. 물이 끓는 동안 갈릭 프레스로 마늘을 으깨어 프라이팬에 넣고 중불에서 볶는다. 냄비에 끓는 물을 붓고 소금을 넉넉히 뿌려 포장지에 적힌 조리법대로 스파게티를 삶은 후 체에 밭쳐 물기를 빼고 올리브오일을 섞어둔다.
면 끓인 물을 몇 테이블스푼 남겨둔다.
프라이팬을 달구고 정어리 통조림에 들어있던 오일 2테이블스푼을 넣고 마늘을 볶는다.
프라이팬에 정어리를 넣고 숟가락을 이용해 정어리를 자른다.
불을 낮춘 상태에서 잣과 건포도를 넣고 볶는다. 올리브오일을 섞은 스파게티를 넣고 면 삶은 물을 조금씩 추가하며 뒤적인다. 완성되면 바로 먹는다.

조개와 타라곤 스파게티
PÂTES AUX *palourdes* ET À L'ESTRAGON

분량: 4인분 / 조리시간: 10분
조리도구: 큰 냄비 2개(하나는 뚜껑 있는 것)

드라이 화이트와인
250밀리리터

작은 모시조개
1킬로그램

스파게티 생면
500그램

껍질 벗긴
마늘 3쪽

타라곤 잎
2테이블스푼

전기포트에 물을 끓인다. 물이 끓는 동안 마늘을 얇게 썰고 타라곤은 잘게 다진다.
뚜껑 없는 냄비에 끓는 물을 붓고 소금을 넉넉히 뿌린다.
포장지에 적힌 방법대로 스파게티를 삶고 물기를 뺀 다음 올리브오일과 섞어둔다.
그동안 뚜껑 있는 냄비를 달궈 올리브오일 3테이블스푼을 두르고 마늘을 볶은 후
모시조개와 화이트와인을 넣는다. 뚜껑을 닫고 조개 입이 벌어질 때까지 냄비를 흔들어주면서
4분간 익힌다. 이때 입이 벌어지지 않은 조개는 버린다. 스파게티, 타라곤, 소금, 후추를 넣고
조심스럽게 섞는다. 우러난 국물을 스파게티에 끼얹어 바로 먹는다.

오르조와 케일 수프
BOUILLON D'ORZO ET *chou* CAVOLO NERO

분량: 4인분 / 조리시간: 10분
조리도구: 바닥이 두꺼운 큰 냄비

토마토 200그램

채소스톡
750밀리리터 분량

오르조 또는 리소니
200그램

케일
75그램

토마토 페이스트
1테이블스푼

전기포트에 물 1리터를 끓인다. 물이 끓는 동안 케일을 얇게 써는데, 단단하고 두꺼운 줄기 부분은 버린다. 토마토도 잘게 썰어준다.

냄비에 물 750밀리리터를 넣고 채소스톡, 오르조(orzo, 이탈리아어로 보리라는 뜻의 쇼트 파스타—옮긴이) 또는 리소니(risoni, 작은 쌀 또는 씨앗 모양의 파스타로 오르조보다 더 작다—옮긴이), 케일, 토마토, 토마토 페이스트를 넣는다. 소금, 후추를 넉넉히 뿌린다.

물이 보글보글 끓는 상태에서 파스타가 달라붙지 않게 저어주며 7~8분간 익힌다.

수프가 너무 되직하다 싶으면 물을 조금 추가한다.

먹기 전에 맛을 보고 간을 맞춘다.

알프레도 페투치네
FETTUCINE SAUCE *alfredo*

분량: 2인분 / 조리시간: 6분
조리도구: 큰 냄비, 중간 크기의 냄비, 강판

헤비 생크림
200밀리리터

버터
40그램

파르메산 치즈
80그램

페투치네 생면
250그램

파스타와 라비올리

전기포트에 물을 끓인다. 큰 냄비에 끓는 물을 옮겨 쏟고 소금을 넉넉히 뿌린다.
페투치네를 넣고 포장지에 적힌 조리법대로 삶은 다음 물기를 빼고 올리브오일과 섞어둔다.
중간 크기의 냄비에 버터와 생크림을 넣어 약불과 중불 사이의 세기로 녹인다.
녹인 버터와 생크림을 잘 저어준 다음 불을 끈 상태에서 파르메산 치즈를
강판에 갈아 소스에 넣는다. 파르메산 치즈를 약불에 녹인 후 소금, 후추를 뿌린다.
소스와 면을 섞어 바로 먹는다.

알프레도 소스 응용요리
VARIATIONS AUTOUR DE LA SAUCE *alfredo*

분량: 2인분
알프레도 페투치네(138~139페이지) 레시피를 바탕으로
만들 수 있는 독창적인 요리

양송이 버섯 200그램

냉동 완두콩 60그램

두툼한 베이컨 75그램

버터 50그램

껍질 벗긴 마늘 2쪽

양송이 버섯 알프레도 소스

알프레도 소스를 만든다. 버섯과 마늘을 얇게 썬다. 프라이팬에 버터를 넣고 버섯과 마늘이 부드러워질 때까지 약 3분간 볶는다. 소금과 후추를 뿌려 소스와 섞는다.

베이컨 완두콩 알프레도 소스

알프레도 소스를 만들고 완두콩을 넣는다. 완두콩이 부드러워질 때까지 약불에 저어주며 익힌 다음 그대로 둔다. 베이컨을 바삭하게 볶아 소스와 섞는다.

훈제 연어 알프레도 소스

알프레도 소스를 만들고 여기에 훈제 연어를
잘라 넣는다. 잘게 다진 딜을 넣고 섞은 후
소금, 후추를 뿌린다.

시금치 알프레도 소스

알프레도 소스를 만들고 여기에 시금치 어린잎을
잘게 다져 넣는다. 약불에 저으면서
1~2분간 익혀 시금치 숨을 죽인다.
넛맥가루 한 꼬집을 넣어도 좋다.

피망과 고트 치즈 파스타
PÂTES AUX *poivrons* ET AU FROMAGE DE CHÈVRE

분량: 4인분 / 조리시간: 8분
조리도구: 큰 냄비, 프라이팬

피망 오일 절임
400그램

페투치네 또는
파르팔레 생면
500그램

고트 치즈
150그램

껍질 벗긴
마늘 3쪽

파스타와 라비올리

전기포트에 물을 끓인다. 물이 끓는 동안 피망 오일 절임에서 피망만 건져둔다.
이때 오일은 조금 남겨둔다. 피망을 큼직하게 썰고 마늘은 으깬다.
냄비에 끓는 물을 붓고 소금을 넉넉히 뿌려 포장지에 적힌 조리법대로 면을 삶고 물기를 뺀다.
물기가 살짝 남아있는 상태에서 남겨둔 피망 오일을 조금 섞어 놓는다.
프라이팬에 썬 피망과 으깬 마늘을 넣고 뜨거워지면서 향이 올라올 때까지 중불에 볶는다.
이후 불을 끄고 삶은 면을 섞는다. 필요하면 오일을 더 넣는다.
파스타를 접시에 담고 잘게 부순 고트 치즈를 얹어 바로 먹는다.

스파게티와 마늘 빵가루
SPAGHETTIS ET CHAPELURE
à l'ail

분량: 4인분 / 조리시간: 10분
조리도구: 큰 냄비, 프라이팬, 작은 냄비

- 빵가루 200그램
- 앤초비 필레 8장
- 스파게티 생면 500그램
- 고추기름 또는 페퍼 플레이크
- 껍질 벗긴 마늘 4쪽

파스타와 라비올리

전기포트에 물을 끓인다. 물이 끓는 동안 앤초비 필레를 큼직하게 자르고 마늘을 얇게 썬다.
큰 냄비에 끓는 물을 붓고 소금을 넉넉히 뿌린다.
포장지에 적힌 조리법대로 면을 삶은 다음 물기를 빼고 올리브오일과 섞어둔다.
그동안 프라이팬을 달궈 계속 흔들어주며 빵가루를 노릇하게 구워놓는다.
작은 냄비를 약불과 중불 사이의 불로 달군 후 올리브오일 4테이블스푼을 두르고
앤초비와 마늘을 넣어 마늘 향이 배어나오고 앤초비가 부드러워질 때까지 익힌다.
올리브오일을 뿌리고 구워놓은 빵가루를 섞어 덩어리진 소스처럼 만든다.
면에 소스를 얹고, 페퍼 플레이크나 고추기름을 살짝 뿌려 먹는다.

참치와 케이퍼 파스타
PÂTES AU *thon* ET AUX CÂPRES

분량: 4인분 / 조리시간: 10분
조리도구: 큰 냄비, 체, 프라이팬

잘 익은 중간 크기의
토마토 4개

케이퍼
2테이블스푼

염수 참치 캔
300그램

오일에 절인
앤초비 필레 4장

링귀네
400그램

전기포트에 물을 끓인다. 물이 끓는 동안 앤초비를 큼직하게 자르고, 토마토는 정사각형 모양으로 썬다.
냄비에 끓는 물을 붓고 소금을 넉넉히 뿌린다.
포장지에 적힌 조리법대로 면을 삶은 다음 체에 밭쳐 물기를 빼고 올리브오일과 섞어둔다.
면 삶은 물을 몇 테이블스푼 남겨둔다.
그동안 프라이팬에 올리브오일 2테이블스푼을 두르고 중불에 달군 후 앤초비가
부드러워질 때까지 익힌다. 불세기를 높인 상태에서 물기를 뺀 염수 참치(오일에 든 참치 캔이 아니라
염수가 든 참치 캔을 말한다-옮긴이)를 넣고 1분간 저어주며 볶다가 토마토를 넣는다.
모든 재료가 데워질 때까지 몇 분간 볶은 뒤 케이퍼를 넣는다.
프라이팬에 면과 면 삶은 물을 넣고 섞은 후 올리브오일을 뿌린다.

소시지 펜네 파스타
PENNES AUX *saucisses* ET AU FENOUIL

분량: 4인분 / 조리시간: 10분
조리도구: 큰 냄비, 체, 프라이팬

파사타(토마토 쿨리) 500그램

펜네 500그램

마늘 소시지 또는 툴루즈 소시지 8개

헤비 생크림 2테이블스푼

펜넬 씨앗 2티스푼

파스타와 라비올리

전기포트에 물을 끓인다. 큰 냄비에 끓인 물을 붓고 소금을 넉넉히 넣는다.
포장지에 적힌 조리법대로 펜네를 삶은 다음 체에 밭쳐 물기를 빼고 올리브오일과 섞어둔다.
그동안 마늘 소시지 또는 툴루즈 소시지(굵게 간 돼지고기에 후추를 넣어 만든
프랑스 원산의 비가열 소시지—옮긴이) 껍질을 벗겨 살만 남겨둔다.
프라이팬을 달군 후 올리브오일 2테이블스푼을 두른다.
소시지를 넣고 포크로 으깨어 센불에 볶는다. 이때 볶으면서 나오는 즙이나 기름은 걷어낸다.
소시지가 익으면서 색이 진해지면 펜넬 씨앗을 넣고 향이 배어나올 때까지 볶는다.
여기에 파사타를 섞고 계속 볶아준다. 불을 끈 상태에서 생크림을 넣고 소금과 후추를 뿌린다.
이렇게 만든 소스를 면과 잘 섞어 파르메산이나 잘게 다진 파슬리를 뿌려 바로 먹는다.

토르텔리니 수프
bouillon AUX TORTELLINIS

분량: 4인분 / 조리시간: 5분
조리도구: 큰 냄비, 필러

냉동 잠두콩 또는
냉동 완두콩 100그램

볼로냐 토르텔리니
300그램

소고기 스톡
1리터 분량

타라곤 잎
1테이블스푼

파르메산 치즈

전기포트에 물 1리터를 끓인다. 냄비에 끓는 물을 붓고, 입맛대로 스톡을 넣어 저어주며 중불에 녹인다. 토르텔리니, 잠두콩(또는 완두콩), 타라곤을 넣고 토르텔리니가 익을 때까지 약불에 2~3분간 끓인다.
파르메산 치즈를 필러로 얇게 깎아 수프를 담은 각 접시에 올려 바로 먹는다.

치즈, 마늘, 블랙페퍼 오르조
PÂTES ORZO AU *fromage*, À L'AIL ET AU POIVRE NOIR

분량: 4인분 / 조리시간: 10분
조리도구: 갈릭 프레스, 치즈강판, 프라이팬, 냄비

오르조 또는
리소니 400그램

채소스톡
800밀리리터 분량

껍질 벗긴 마늘
2~3쪽

버터
4테이블스푼

체다, 에멘탈, 파르메산
또는 기타 치즈들
150그램

전기포트에 물 800밀리리터를 끓인다. 물이 끓는 동안 갈릭 프레스로 마늘을 으깨고 강판에 치즈를 간다. 냄비에 끓는 물을 붓고 오르조와 스톡을 넣는다.
파스타가 익고 물이 졸아들 때까지 저어주며 약불에 8분간 끓인다.
그동안 프라이팬에 버터를 넣고 약불에 녹인 후 마늘을 넣어 약 3분간 볶는다.
마늘이 부드러워지되 노릇해지지는 않게 한다. 마늘버터를 그대로 두고 오르조가 익기를 기다린다.
마늘버터, 강판에 간 치즈, 오르조에 갓 갈아놓은 흑후추를 듬뿍 뿌려 잘 섞어준다.
맛을 보고 간을 확인한 후 바로 먹는다.

바질 페스토
pesto AU BASILIC

분량: 2인분 / 조리시간: 5분
조리도구: 절구세트나 푸드프로세서(또는 블렌더), 강판

바질 잎 50그램
잣 50그램
마늘 2쪽
레몬즙
파르메산 치즈 50그램

파스타와 라비올리

절구에 마늘, 바질, 잣, 레몬즙 소량을 넣고 빻아 반죽을 만든다.
(푸드프로세서에 넣고 갈아도 좋다.)
파르메산 치즈를 엑스트라 버진 올리브오일과 번갈아가며 조금씩 넣어
크림 같은 농도로 소스를 만든다.
간을 보고 취향껏 소금, 후추 또는 레몬즙을 넣어 섞는다.

페스토 응용요리
VARIANTES AUTOUR DU *pesto*

분량: 2인분
바질 페스토(154~155페이지) 레시피를 바탕으로
만들 수 있는 독창적인 요리

호두 40그램

그릴에 구운 껍질 벗긴 아몬드 60그램

이탈리안 파슬리 40그램

크레송 80그램

크레송과 호두 페스토

푸드프로세서에 크레송, 호두, 마늘 1쪽, 레몬즙 소량을 갈아 반죽을 만든다.(절구에 빻아도 된다.) 강판에 간 파르메산 치즈 50그램과 엑스트라 버진 올리브오일을 번갈아 넣으며 크림 같은 농도로 소스를 만든다. 소금, 후추를 넣는다.

파슬리와 아몬드 페스토

푸드프로세서에 아몬드, 이탈리안 파슬리, 마늘 1쪽, 레몬즙 소량을 갈아 되직한 반죽을 만든다. (절구에 빻아도 된다.) 파르메산 치즈 50그램과 엑스트라 버진 올리브오일을 번갈아 넣으며 크림 같은 농도의 소스를 만든다. 취향껏 소금, 후추를 뿌린다.

파스타와 라비올리

껍질 벗긴 헤이즐넛
50그램

페퍼민트 잎
50그램

피스타치오
50그램

여러 가지 생허브
(파슬리, 고수, 타임, 타라곤 등)
50그램

페퍼민트와 헤이즐넛 페스토

바질과 잣 대신 페퍼민트와 헤이즐넛을 넣고
'바질 페스토'(154~155페이지) 레시피대로 만든다.

허브와 피스타치오 페스토

바질과 잣 대신 여러 가지 허브와 피스타치오를 넣고
'바질 페스토'(154~155페이지) 레시피대로 만든다.

CHAPITRE 4

육류, 가금류, 생선

viandes, volailles, poissons

카르파초, 트러플 마요네즈
carpaccio ET MAYONNAISE À LA TRUFFE

분량: 4인분 / 조리시간: 5분
조리도구: 쿠킹포일

마요네즈 50그램

곁들여 먹을 루꼴라

소고기 안심 300그램

화이트 트러플 오일 2티스푼(원하면 양을 늘려도 좋다)

레몬즙

육류, 가금류, 생선

신선한 소 안심을 쿠킹포일로 단단히 감싸서 냉동실에 5분간 둔다.
그동안 마요네즈에 트러플 오일, 레몬즙 소량, 라이트 올리브오일(light olive oil, 올리브에서
가장 마지막으로 압착하여 나오는 것으로, 모든 올리브오일 중에서 가장 옅은 맛을 낸다—옮긴이)
2테이블스푼, 소금, 후추를 섞는다.
냉장고의 고기를 꺼내 잘 드는 칼로 소고기를 얇게 저민다.
이때 고기가 충분히 얇게 썰리지 않았다면, 쿠킹포일 두 장 사이에 고기를 놓고
망치로 두드려 납작하게 만든다. 고기를 접시에 놓고
트러플 마요네즈와 루꼴라를 곁들여 먹는다.

소고기 볶음 캐러멜라이즈
boeuf SAUTÉ CARAMÉLISÉ

분량: 4인분 / 조리시간: 10분
조리도구: 프라이팬 또는 궁중팬

호이신 소스
4테이블스푼

껍질 벗긴
마늘 4쪽

손질된 그린빈
250그램

소고기(우둔, 채끝이나 갈비)
스테이크 600그램

쌀국수
300그램

프라이팬이나 웍에 식물성 식용유 2테이블스푼을 두르고 연기가 날 때까지 달군다.
팬이 달궈지는 동안 스테이크를 얇게 썰어 소금, 후추를 넉넉히 뿌려놓는다.
마늘을 얇게 저민다. 프라이팬에 그린빈을 넣고 3분간 볶다가 스테이크와 마늘을 넣고 계속 저어주며 3분간 더 익힌다. 쌀국수와 호이신 소스를 넣고 1분간 볶은 후 바로 먹는다.

양념 양고기 허머스 소스
agneau ÉPICÉ ET HOUMOUS

분량: 2인분 / 조리시간: 8분
조리도구: 프라이팬, 샐러드 볼, 서빙접시

라스 엘 하누트
2테이블스푼

꿀 2테이블스푼

허머스 소스
200그램

잣
2테이블스푼

양고기 넓적다리
2덩어리

프라이팬을 센불에 달군다. 그동안 양고기를 잘게 다져 라스 엘 하누트, 꿀, 올리브오일 1테이블스푼, 소금, 후추와 함께 샐러드 볼에 담는다. 양념이 고기에 골고루 묻도록 손으로 버무려둔다. 접시에 허머스 소스를 우물 모양으로 바른다.
달궈진 프라이팬에 올리브오일 1테이블스푼을 두르고 고기를 올린다. 가끔씩 저어주며 3~4분간 볶아 고기를 익힌다. 볶으면서 나온 즙과 함께 고기를 허머스 소스 위에 올리고 잣을 뿌린다. 이탈리안 파슬리와 따뜻한 피타브레드와 함께 바로 먹는다.

돼지갈비와 애플 아이올리 소스
CÔTES DE *porc* ET AÏOLI À LA POMME

분량: 2인분 / 조리시간: 10분
조리도구: 바닥이 두꺼운 프라이팬, 볼

그린 샐러드 채소 한 줌

아이올리 소스 3테이블스푼

버터 40그램

돼지갈비 2덩어리

애플소스 3테이블스푼

육류, 가금류, 생선

돼지갈비에 소금, 후추를 넉넉히 뿌린다. 프라이팬을 중불로 달궈 버터를 녹인다.
버터가 부글거리기 시작하면 돼지갈비를 올리고 양면을 각각 노릇하게 굽는다.
그동안 아이올리 소스와 애플소스(설탕이나 향신료를 넣고 익힌 사과 퓌레-옮긴이)를 볼에 넣고
섞은 후 소금, 후추를 뿌려 애플 아이올리 소스를 만든다.
애플 아이올리 소스 한 스푼과 샐러드 채소를 돼지갈비에 곁들여 먹는다.

크레송 발사믹 소스 간 요리
foie SAUCE BALSAMIQUE

분량: 2인분 / 조리시간: 10분
조리도구: 프라이팬

헤비 생크림
50밀리리터

크레송
한 줌

발사믹 식초
40밀리리터

어린 양이나 송아지 간
200그램

쪽파 3줄기

프라이팬을 센불과 중불 사이의 불로 달군다. 그동안 쪽파의 흰 부분만 얇게 썬다.

양 또는 송아지의 간은 길쭉하게 썰어놓는다.

프라이팬에 올리브오일 2테이블스푼을 두르고 쪽파를 넣어
부드러워질 때까지 계속 저어가며 볶는다.

간을 넣고 계속 뒤집어주면서 중불에서 1분간 굽는다.

이때 겉은 익고 속은 붉은 기가 남게 한다.

불세기를 강하게 한 상태에서 발사믹 식초를 넣는다. 포크로 프라이팬 바닥을 거칠게 문지르며
30초간 끓인다. 불을 낮춘 상태에서 생크림을 넣고 저어 되직한 소스를 만든다.

소금, 후추를 뿌리고 크레송을 곁들여 바로 먹는다.

블루 치즈 버터를 올린 등심
faux-filets AU BEURRE ET AU BLEU

분량: 2인분 / 조리시간: 8분
조리도구: 그릴팬, 볼, 유산지, 쿠킹호일

블루 치즈
(고르곤졸라 또는 로크포르)
100그램

루꼴라
두 줌

소프트버터
200그램

등심 2덩어리

육류, 가금류, 생선

그릴팬을 센불에 달군다. 그동안 등심에 오일을 살짝 바르고 소금, 후추를 넉넉히 뿌려둔다.
버터는 분량의 절반을 블루 치즈와 같이 포크로 눌러 으깬 후 유산지에 놓고
원통 모양으로 감싸 냉동실에 넣어둔다.
달궈진 그릴팬에 등심을 올려 양면을 각각 30초씩 굽는다. 남은 버터를 마저 넣고 4~5분간 더 굽는다.
이때 녹은 버터를 끼얹으면서 30초마다 뒤집어준다.
레어나 미디엄으로 구운 등심 위에 블루 치즈를 섞은 버터를 잘라 올리고 남은 버터는
다른 요리를 위해 냉동실에 보관한다. 루꼴라를 곁들여 먹는다.

양념을 첨가한 버터 응용요리
VARIATIONS DE *beurres* AROMATISÉS

분량: 2인분
블루 치즈 버터를 올린 등심(170~171페이지) 레시피를 바탕으로
만들 수 있는 독창적인 요리

오일에 절인
앤초비 필레 3장
(오일을 빼고 준비한다)

갓 갈아놓은 흑후추
2티스푼

꽃소금
1티스푼

잘게 다진 로즈마리
2티스푼

마늘 1쪽

레몬 2개를 곱게 갈아
만든 레몬제스트

레몬 흑후추 버터

부드러운 소프트버터 200그램에 레몬제스트,
소금, 후추를 넣고 으깬다. 생선, 닭고기,
돼지고기와 함께 먹으면 맛있다.

앤초비, 마늘, 로즈마리 버터

부드러운 소프트버터 200그램을 잘게 다진 앤초비,
로즈마리, 다진 마늘과 함께 으깬다.
양고기나 소고기와 함께 먹으면 맛있다.

버터는 각 레시피마다 약 200그램씩 준비한다.
원통 모양으로 만들어 둥글게 썰어서 사용하고, 나머지는
유산지로 감싸서 냉동실에 보관하여 사용한다. 한 달간 보관가능하다.

애플소스 머스터드 버터

부드러운 소프트버터 200그램을 애플소스,
머스터드, 소금과 함께 믹서에 넣고 간다.
돼지고기와 함께 먹으면 맛있다.

고추 라임 버터

부드러운 소프트버터 200그램을 라임제스트,
잘게 다진 붉은 고추, 꽃소금과 함께 으깬다.
닭고기, 생선, 새우와 함께 먹으면 맛있다.

시트러스와 타임을 곁들인 닭 가슴살
BLANC DE *poulet* AU THYM ET AU CITRON

분량: 2인분 / 조리시간: 10분
조리도구: 큰 그릴팬 또는 바비큐판, 쿠킹포일, 밀방망이,
얕은 접시, 레몬 스퀴저, 볼, 거품기

레몬 1개

닭 가슴살
큰 덩어리 1장
(또는 작은 덩어리 2장)

아스파라거스 윗부분
(또는 작은 크기의 아스파라거스)
12줄기

타임
3줄기

육류, 가금류, 생선

그릴팬을 중불에 달구거나 바비큐 구울 준비를 한다. 쿠킹포일 두 장 사이에 닭 가슴살을 놓고 밀방망이로 납작하게 밀어 접시에 올려놓는다. 레몬 스퀴저로 레몬즙을 짜서 볼에 담는다.
여기에 타임, 올리브오일 1테이블스푼, 소금, 후추를 넣고 거품기로 젓는다.
이렇게 만든 소스의 ¾가량을 닭고기와 잘 버무린다.
아스파라거스에 올리브오일을 살짝 뿌린다. 닭고기와 아스파라거스를 그릴팬이나 바비큐판에 5분간 굽는다. 이때 닭고기는 계속 뒤집어주면서 익힌다.
닭고기를 가늘게 잘라 아스파라거스, 남은 소스와 섞어 먹는다.

닭고기 카레와 난
CURRY DE *poulet* ET NAANS

분량: 4인분 / 조리시간: 10분
조리도구: 바닥이 두꺼운 프라이팬

← 난 4장

← 코코넛 밀크 400밀리리터

냉동 완두콩 또는 냉동 잠두콩 150그램 →

← 닭 가슴살 큰 덩어리 2장(약 600그램)

↑ 태국 그린 카레 페이스트 3테이블스푼

육류, 가금류, 생선

오븐을 180도로 예열한다. 오븐 팬에 난을 올리고 오븐에 넣어 굽는다. 이후 프라이팬에
식물성 식용유 2테이블스푼을 두르고 센불과 중불 사이의 불로 달군다.
그동안 닭 가슴살을 가늘게 썰어 프라이팬에서 3분간 굽는다.
카레 페이스트, 코코넛 밀크, 완두콩(또는 잠두콩)을 넣고 닭고기가 익을 때까지 약 4분간 더 볶는다.
따뜻한 난과 함께 먹는다.

닭고기 파히타
FAJITAS DE *poulet*

분량: 4인분 / 조리시간: 10분
조리도구: 그릴팬, 얕은 접시, 요리붓

붉은 피망 1개

껍질 벗긴 붉은 양파 1개

밀가루 토르티야 4장

저크 2티스푼

닭 가슴살 2덩어리

육류, 가금류, 생선

그릴팬을 센불에 달군다. 닭고기를 5밀리미터 폭으로 얇게 썰어 접시에 놓는다.
저크(jerk, 허브, 고춧가루 등을 섞은 자메이카 전통 향신료―옮긴이), 소금, 후추,
식물성 식용유 2티스푼도 접시에 넣고 모든 재료들을 잘 섞어 잠시 그대로 둔다.
양파와 피망을 가늘게 썰어 닭고기와 섞는다. 그릴팬에 올려 계속 뒤집어주면서 5분간 볶는다.
볶은 재료들을 토르티야 중앙에 조금씩 올린 뒤 말아준다.
생 고수, 사등분한 레몬이 있다면 함께 식탁에 올린다.

베트남 스프링롤
ROULEAUX DE *canard* VIETNAMIENS

분량: 6조각 / 조리시간: 10분
조리도구: 샐러드 볼, 체, 따뜻한 물을 채운 큰 접시

훈제 오리 가슴살
1덩어리

버미첼리 쌀국수
40그램

호이신 소스
90밀리리터

쪽파 3줄기

스프링롤을 만들
라이스페이퍼 6장

전기포트에 물을 끓인다. 물이 끓는 동안 쪽파를 10센티미터 길이로 잘라 가늘게 채 썬다. 오리 가슴살도 얇게 썰어놓는다. 버미첼리를 샐러드 볼에 담고 끓는 물을 붓는다. 5분 후 체에 밭쳐 물기를 빼고 깨끗한 물로 헹군다.
라이스페이퍼를 따뜻한 물에 한 장씩 적셔 깨끗한 조리대에 올린다.
라이스페이퍼 중앙에 버미첼리, 쪽파, 닭고기, 호이신 소스를 조금씩 올린다. (속재료를 너무 많이 넣지는 말 것.) 라이스페이퍼의 아래쪽과 양 옆을 차례로 덮은 다음 단단히 만다. 바로 먹거나 깨끗한 젖은 면포로 감싸두었다가 테이블에 올린다.

메밀국수와 참기름을 곁들인 참치 스테이크
thon, EDAMAMES ET NOUILLES SOBA

분량: 2인분 / 조리시간: 8분
조리도구: 그릴팬, 냄비, 체

껍질 벗긴 풋콩
100그램

참치
2덩어리

메밀국수
100그램

참기름 1티스푼
(원하면 양을 늘려도 좋다)

육류, 가금류, 생선

전기포트에 물을 끓인다. 물이 끓는 동안 그릴팬을 센불에 달군다.
참치에 식물성 식용유를 바른 후 갓 갈아놓은 흑후추를 넉넉히 뿌린다.
참치를 그릴팬에 올려 양면을 각각 1분씩 굽는다. 냄비에 끓는 물을 붓고 포장지에 적힌 방법대로 국수를 넣고 삶는다. 거의 다 삶아지면 이 냄비에 풋콩을 넣고 국수와 함께 2분간 익힌다.
체에 밭쳐 물기를 빼고 찬물에 헹궈 냄비에 옮겨 담은 후 참기름을 섞는다.
참치를 썰어 국수 위에 올려 먹는다. 원하는 만큼 참기름을 뿌려 먹는다.

하리사를 넣은 해덕대구와 쿠스쿠스
haddock ET COUSCOUS A LA HARISSA

분량: 4인분 / 조리시간: 10분
조리도구: 프라이팬, 내열 샐러드 볼, 쿠킹포일

쿠스쿠스
300그램

채소스톡
1리터 분량

해덕대구 또는
훈제 고등어 필레
400그램

고수 한 줌

하리사
20밀리리터

전기포트에 물을 끓인다. 물이 끓는 동안 고수를 잘게 다지고 프라이팬을 센불에 달군다.
샐러드 볼에 끓는 물 1리터를 부어 채소스톡을 녹인 다음 쿠스쿠스를 섞는다.
이 샐러드 볼을 쿠킹포일로 감싸서 5분간 그대로 둔다.
그동안 프라이팬에 식물성 식용유 2테이블스푼을 두르고 달궈 생선 양면을 각각 2분씩 굽는다.
쿠스쿠스가 익었으면 샐러드 볼에 하리사, 고수를 넣고 포크로 섞는다.
취향에 따라 소금, 후추를 뿌린다. 생선껍질을 벗겨 쿠스쿠스에 올려 먹는다.

농어와 다시국물
bar ET BOUILLON DASHI

분량: 2인분 / 조리시간: 8분
조리도구: 요리붓, 작은 냄비, 프라이팬, 스패출러, 국그릇 2개

다시(과립형이나 가루형) 또는 생선스톡 500밀리리터 분량

시금치 어린잎 두 줌

껍질이 붙어있는 농어 필레 2장

간장 1테이블스푼

쪽파 4줄기

전기포트에 물 500밀리리터를 끓인다. 물이 끓는 동안 농어껍질에 칼집을 내어 요리붓으로 식물성 식용유를 바르고 소금, 후추를 넉넉히 뿌린다.
냄비에 뜨거운 물을 붓고 다시(또는 생선스톡)와 간장을 섞는다.
이 냄비에 쪽파를 잘게 썰어 넣고 중불을 유지한다. 이번에는 센불에 프라이팬을 달궈 농어의 껍질 부분이 밑으로 가도록 올린 다음 3~4분간 굽는다.
조심스럽게 뒤집어서 1~2분간 더 굽는다. 국그릇에 시금치 어린잎을 한 줌씩 넣고 다시국물을 붓는다. 농어를 얹어 바로 먹는다.

그릴에 구운 청어와 오이절임
harengs GRILLÉS ET CONCOMBRE MARINÉ

분량: 2인분 / 조리시간: 10분
조리도구: 그릴팬 또는 바비큐팬, 필러, 볼, 요리붓

오이
약 400그램

쌀식초
40밀리리터

내장과 비닐을 제거한
청어 4마리

가루설탕
1티스푼 가득

육류, 가금류, 생선

그릴팬을 중불에 달구거나 바비큐 구울 준비를 한다. 그동안 오이 껍질을 벗겨 필러로 길게 슬라이스하여 볼에 담는다. 여기에 식초, 설탕, 페퍼 플레이크 한 꼬집(선택에 따라 넣지 않아도 된다), 꽃소금 ¼티스푼을 추가로 넣고 그대로 둔다. 청어에 붓으로 올리브오일을 살짝 바르고 소금, 후추를 뿌린 후 3~5분간 계속 뒤집어주면서 굽는다. 오이절임과 사등분한 레몬을 곁들여 바로 식탁에 올린다.

옥수수전분 오징어 튀김
calamars AU SEL ET AU POIVRE

분량: 2인분 / 조리시간: 10분
조리도구: 큰 냄비, 큰 접시, 키친타월, 거름국자

사등분한
레몬

옥수수전분
40그램

오징어 몸통
(링 모양으로 자른 것)
250그램

냄비에 식물성 식용유를 높이가 3센티미터 정도 되도록 붓고 센불에 달군다.
그동안 접시에 옥수수전분을 펼쳐놓고 꽃소금 1티스푼, 갓 갈아놓은 흑후추 2테이블스푼을 섞는다.
오징어에 옥수수전분을 묻힌다. 기름이 충분히 달궈지면 (작은 빵조각이 30초 안에
노릇하게 구워지는 정도) 오징어를 한 번에 최대 1분을 넘기지 않도록 하여 여러 번에 나눠 튀긴다.
오징어는 거름국자로 건져 키친타월에 올려 기름을 뺀다. 레몬즙을 살짝 뿌려 바로 먹는다.

국수와 새우 사테
SATAY DE NOUILLES ET DE *crevettes*

분량: 4인분 / 조리시간: 10분
조리도구: 웍 또는 큰 프라이팬, 볼

튀김용 국수
300그램

껍질 벗긴 생새우
300그램

스위트 칠리 소스
60밀리리터

피넛버터
2테이블스푼

라임즙
2테이블스푼

육류, 가금류, 생선
192

웍이나 프라이팬을 센불과 중불 사이의 불로 달군다. 볼에 피넛버터,
스위트 칠리 소스, 레몬즙을 섞어둔다.
웍이 달궈지면 식물성 식용유 2테이블스푼을 두르고 새우가 붉은 색을 띨 때까지
센불에서 1분간 볶는다. 국수와 소스도 넣어준다. 이때 국수가 충분히 익으면
소스가 제대로 배도록 계속 저어준다. 필요하면 물을 조금 넣어 소스를 묽게 만든다.
소금, 후추를 뿌리고 사등분한 라임을 곁들여 바로 식탁에 올린다.

오징어, 초리조, 아몬드 샐러드
SALADE DE *calamars*, CHORIZO ET AMANDES

분량: 4인분(메인요리) / 조리시간: 10분
조리도구: 얕은 접시, 샐러드 볼, 프라이팬, 거름국자

초리조
300그램

손질한 오징어 다리
600그램

레몬 1개

루꼴라 한 줌

아몬드 슬라이스
20그램

육류, 가금류, 생선

오징어 다리를 깨끗이 씻어 말린 후 접시에 놓고 레몬즙 절반, 올리브오일,
소금, 후추와 섞는다. 프라이팬에 올리브오일 1테이블스푼을 두르고
센불과 중불 사이의 불로 달군다. 초리조를 얇게 썰어 프라이팬에
바삭하고 노릇하게 구워 샐러드 볼에 담는다.
오징어 다리를 센불에 3분간 볶는다. 이때 오징어는 부드러울 정도로만 적당히 익힌다.
볶으면서 나온 즙과 함께 오징어를 샐러드 볼에 담고, 루꼴라, 남은 레몬즙,
올리브오일 소량, 소금, 후추를 넣고 섞는다. 아몬드를 뿌려 먹는다.

앙 파피요트
POISSON EN *papillote*

분량: 2인분 / 조리시간: 10분
조리도구: 넓은 직사각형 유산지 2장, 오븐 팬

화이트와인
조금

헤비 생크림
4테이블스푼

얇은 생선 필레
(생대구, 해덕대구, 도미, 연어 등)
2장

허브
(파슬리, 타라곤, 딜 등)
한 줌

오븐을 230도로 예열한다. 유산지 중앙에 생선을 한 조각씩 올린다.
생크림을 바르고 소금, 후추를 뿌린 다음 허브도 넣는다. 유산지를 접어 양 끝을 꼬아
밀봉하되 윗부분을 살짝 벌린다. 벌어진 틈으로 화이트와인을 붓고
유산지를 완전히 여민다. 오븐 팬에 넣고 8분간 굽는다.
유산지를 열고 사등분한 레몬과 소금을 곁들여 식탁에 올린다.

• 앙 파피요트 en papillote, 과자를 싸는 종이 또는 고기를 싸서 굽는 버터 먹인 종이인
  앙 파피요트에 생선을 싸서 굽는 조리법을 말한다 – 옮긴이

앙 파피요트 변형요리
VARIATIONS AUTOUR DE LA *papillote*

분량: 2인분
앙 파피요트(196~197페이지) 레시피를 바탕으로
만들 수 있는 독창적인 요리.
아래 재료들을 유산지에 넣기만 하면 된다.

간장
2테이블스푼

쪽파 1줄기

참기름 조금

태국 그린 카레 페이스트
2티스푼

냉동 완두콩
1테이블스푼

코코넛 밀크
2테이블스푼

잘게 다진 고춧가루
½티스푼

간장과 쪽파를 곁들인 앙 파피요트　　**태국 카레를 곁들인 앙 파피요트**

파사타와 올리브를 곁들인 앙 파피요트   크레송과 타라곤을 곁들인 앙 파피요트

CHAPITRE 5

간단 디저트

desserts minute

체리와 초콜릿 트러플
TRUFFES À LA *cerise* ET AU CHOCOLAT

분량: 28조각 / 조리시간: 6분
조리도구: 푸드프로세서

오레오® 같이 크림이 들어간 초콜릿 비스킷 150그램

건체리나 건크랜베리 40그램

소금 한 꼬집

크림치즈 40그램

간단 디저트

모든 재료를 푸드프로세서에 넣고 입자가 균일해질 때까지 간다.
반죽을 한 티스푼씩 가득 떼어내서 둥글게 빚는다.
바로 먹거나 냉장고에서 차갑게 해서 먹는다.
코코아가루를 뿌려 먹어도 좋다.

화이트 초콜릿 부셰
BOUCHÉES AU *chocolat* BLANC

분량: 16개 / 조리시간: 5분 + 냉장 20~30분
조리도구: 냄비, 내열 샐러드 볼, 일반 샐러드 볼, 유산지를 깐 오븐 팬

건과일이 되도록
많이 들어간
그래놀라 200그램

화이트 초콜릿
250그램

간단 디저트

전기포트에 물을 끓인다. 물이 끓는 동안 화이트 초콜릿을 조각내어 내열 샐러드 볼에 담는다.
냄비에 끓는 물을 붓고 내열 샐러드 볼을 냄비 안에 넣어 약불에서 중탕한다.
초콜릿이 녹을 때까지 저어준다.
녹인 초콜릿을 그래놀라와 함께 일반 샐러드 볼에 담고, 초콜릿이 그래놀라에 골고루 묻도록 잘 섞어준다.
유산지를 깐 오븐 팬에 초콜릿 그래놀라를 테이블스푼으로 한 덩어리씩 올리고
냉장고에 20~30분간 보관했다 먹는다.

• 부쉐 bouchées, 한입 크기의 페이스트리 – 옮긴이

시리얼 바
BARRES *abricot*

분량: 약 12개 / 조리시간: 5분
조리도구: 푸드프로세서 또는 블렌더, 빵틀(13x23cm)

- 귀리 플레이크 120그램
- 말린 살구 100그램
- 라이스 퍼프 50그램
- 피넛버터(아몬드, 캐슈넛 등 채유 가능한 식품의 퓨레) 4테이블스푼
- 꿀 75밀리리터

간단 디저트

푸드프로세서나 블렌더에 귀리 플레이크를 갈아 가루로 만든다. 피넛버터, 꿀, 말린 살구, 라이스 퍼프(puffed rice, 튀긴 쌀, 팽화미라고 한다—옮긴이)를 섞은 반죽을 둥글게 빚는다. 빵틀에 넣고 잘 눌러준 다음 길이 6센티미터, 두께 2센티미터 크기의 시리얼바가 되도록 자른다.

캐러멜 팝콘
pop-corn AU CARAMEL

분량: 4인분(스낵류) / 조리시간: 8분 + 식히는 시간 5분
조리도구: 작은 냄비, 뚜껑이 있고 바닥이 두꺼운 큰 냄비, 코팅 오븐 팬

골든시럽 또는 꿀
3테이블스푼

팝콘용 옥수수알
50그램

가염버터
30그램

골든시럽(Golden Syrup, 사탕무로 만든 시럽-옮긴이), 버터, 소금 한 꼬집을 작은 냄비에 넣고 녹인다.
센불에 1분간 끓이다가 불을 끈다.
큰 냄비에 옥수수알과 식물성 식용유 1테이블스푼을 넣는다.
옥수수알에 식용유가 골고루 묻도록 잘 섞은 후 센불과 중불 사이의 불로 가열한다.
옥수수알이 튀어 오르기 시작하면 불을 끄고 1분간 기다린다. 뚜껑은 그대로 덮은 채 다시 불을 켠다.
옥수수알이 튀어 오르는 동안 냄비를 흔들어준다. 튀는 것이 잦아들면
불을 끄고 1분간 기다렸다가 버터를 섞은 골든시럽을 넣고 잘 섞는다.
오븐 팬에 펼쳐놓고 식힌다.

굽지 않고 만드는 피넛버터 쿠키
COOKIES SANS CUISSON
AU BEURRE DE *cacahu tes*

분량: 24개 / 조리시간: 10분 + 식히는 시간 10분
조리도구: 냄비, 넓은 유산지

귀리 플레이크
235그램

우유
60밀리리터

소프트버터
55그램

가루설탕
225그램

피넛버터
2테이블스푼

간단 디저트

설탕, 버터, 우유, 소금(정제염) 한 꼬집을 냄비에 넣고 저어주며 중불과 약불 사이의 불로 녹인다.
재료가 다 녹으면 중불로 올리고 계속 저으면서 2분간 끓인다.
불을 끈 상태에서 귀리 플레이크, 피넛버터를 넣고 잘 섞은 다음
다시 불을 켜고 1분간 계속 저어주며 끓인다. 숟가락 두 개를 이용하여 재빨리 한 입 크기로
작은 덩어리를 만들어 유산지에 올린다.
숟가락 뒷부분으로 각 덩어리들을 눌러준 다음 쿠키를 식혀 굳힌다.

설탕과 향신료를 넣은 바삭한 디저트
CROUSTILLANTS AU SUCRE ET AUX *épices*

분량: 8개 / 조리시간: 10분 + 대기 5분
조리도구: 샐러드 볼, 유산지 2장, 유산지를 깐 오븐 팬

퍼프 페이스트리
80그램

가루설탕
1½테이블스푼

혼합 향신료
1테이블스푼

오븐을 200도로 예열한다. 설탕과 혼합 향신료를 샐러드 볼에 넣고 섞어 양념을 만든다.

퍼프 페이스트리를 직사각형 모양으로 8등분한다.

유산지 두 장 사이에 퍼프 페이스트를 네 장씩 놓고, 방망이로 밀어 긴 직사각형 모양으로 만든다.

유산지를 깐 오븐 팬 위에 퍼프 페이스트를 올린다.

퍼프 페이스트를 군데군데 포크로 찌르고 양념을 뿌린다.

6~7분간 노릇하게 구워 따뜻할 때 먹는다.

스모어
s'mores TOUT SIMPLES

분량: 4개 / 조리시간: 5분
조리도구: 유산지를 깐 오븐 팬, 초콜릿, 마시멜로, 비스킷

버터비스킷 또는
스페큘러스 쿠키 8개

큼직한 마시멜로 8개

밀크초콜릿
40그램

오븐그릴을 최대 온도로 가열한다. 유산지를 깐 오븐 팬에 비스킷 4개를 놓는다.
그 위에 초콜릿과 마시멜로를 올리고 약 2분간 노릇하게 구운 다음,
나머지 비스킷 4개로 덮고 바로 먹는다.

캐러멜 피스타치오 무화과
figues AU CARAMEL ET PISTACHES

분량: 2인분 / 조리시간: 10분
조리도구: 큰 냄비, 프라이팬

- 헤비 생크림 150밀리리터
- 잘 익은 무화과 4개
- 소프트버터 30그램
- 장식용 피스타치오
- 무스코바도 흑설탕 150그램

간단 디저트

무화과를 세로로 이등분한다. 프라이팬에 버터를 녹여 무화과의 잘린 단면이
아래로 향하게 놓고 센불과 중불 사이의 불로 2분간 굽는다. 뒤집어서 1분간 더 구워 놓는다.
냄비에 생크림과 설탕을 섞고 캐러멜 소스를 만든다.
무화과에 캐러멜 소스를 묻힌 다음 피스타치오를 뿌려 먹는다.

건과일 리코타 치즈 콩포트
COMPOTE DE *fruits* SECS ET RICOTTA

분량: 2인분 / 조리시간: 10분
조리도구: 작은 냄비, 레몬 스퀴저, 거름국자, 디저트를 담을 접시 2개

혼합 건과일
250그램

리코타 치즈
3테이블스푼 가득

팔각 1개 또는
정향 2개

계피스틱
1개

레몬 1개

간단 디저트
218

전기포트에 물을 끓인다. 과일, 계피, 팔각(또는 정향)을 작은 냄비에 넣는다.
끓는 물을 400밀리리터 또는 과일이 잠길 정도로만 자작하게 붓는다.
레몬 스퀴저로 레몬즙을 짜서 넣는다. 작은 거품이 보글거릴 때까지 8분간 끓인다.
시간적 여유가 있다면 더 끓여도 좋다.
그동안 리코타 치즈를 휘저어 크림처럼 만든다. 과일이 다 익으면 거름국자로 건져내어
디저트 접시에 담고 계피와 팔각(또는 정향)은 버린다.
끓인 물을 조금 붓고 리코타 치즈 한 스푼을 얹어 먹는다.

• 콩포트compote, 과일 과육(생 것, 말린 것, 껍질, 즙, 가루)과 설탕, 물, 향신료,
  선택적으로 견과류와 와인을 넣고 천천히 조리한 찬 요리 – 옮긴이

클래식 치즈케이크
cheesecake CLASSIQUE

분량: 8인분 / 조리시간: 10분 + 냉각 1시간
조리도구: 작은 냄비, 푸드프로세서, 스프링폼 팬(20센티미터), 전기믹서

헤비 생크림
300밀리리터

치즈크림
220그램

스페큘러스 쿠키
200그램

버터
100그램

아이싱슈거
2테이블스푼

간단 디저트

작은 냄비에 버터를 녹인다. 그동안 스페큘러스 쿠키를 푸드프로세서에 큼직하게 갈아서,
녹인 버터와 섞는다. 스프링폼 팬에 눌러 담아 케이크 시트를 만들고
위에 올릴 재료(가니시)를 준비할 동안 냉장고에 넣어둔다.
생크림, 치즈크림, 아이싱슈거를 섞어 매우 되직한 크림을 만든다.
케이크 시트 위에 펴 바른 뒤 냉장고에 넣어둔다. 스프링폼 팬을 벗겨내고 먹는다.

클래식 치즈케이크 응용요리
VARIATIONS AUTOUR DU *cheesecake*

분량: 8인분
클래식 치즈케이크(220~221페이지) 레시피를 바탕으로
만들 수 있는 독창적인 요리

둥글게 썬
바나나 몇 조각

메이플 시럽
3테이블스푼

둘세 데 레체 또는
우유잼 4테이블스푼

꽃소금

메이플 시럽 바나나 치즈케이크

아이싱슈거 대신 메이플 시럽으로 대체하여
앞의 레시피대로 클래식 치즈케이크를 만든다.
케이크에 메이플 시럽을 바르고 둥글게 썬
바나나 조각을 장식하여 먹는다.

가염 캐러멜 치즈케이크

클래식 치즈케이크를 만든다. 가니쉬 위에
둘세 데 레체(dulce de leche, 우유를 캐러멜 상태로
끓여 만든 당과로 아르헨티나의 전통 디저트이다.
요즘엔 가당연유 한 캔을 끓여 만든 방법이 가장 많이
사용된다—옮긴이)를 펴 바르고 꽃소금을 뿌려
시원한 곳에 놓아둔다.

라임 2개를
곱게 갈아 만든
라임제스트

라임즙
80밀리리터

진저 사브레
200그램

레몬커드
250그램

버터비스킷
200그램

레몬 1개를 강판에 곱게 갈아 만든
레몬제스트

라임 치즈케이크

스페큘러스 쿠키 대신 버터비스킷을 이용하여
클래식 치즈케이크를 만든다. 라임즙에
라임제스트 ¾을 넣고 저어준 다음
가니쉬와 섞는다. 남은 레몬제스트로
케이크를 장식하고 냉장고 등에서
시원하게 보관한 뒤 먹는다.

레몬 치즈케이크

스페큘러스 쿠키 대신 진저 사블레를 이용하여
치즈케이크 시트를 만들고, 레몬제스트는
가니쉬와 섞는다. 케이크 시트에 가니쉬를 바르기 전에
레몬커드를 먼저 바른다.

오렌지 장미수 크림 디저트
CRÈME FOUETTÉE À L'ORANGE ET À *l'eau de rose*

분량: 4인분 / 조리시간: 5분
조리도구: 레몬 스퀴저, 강판, 볼, 샐러드 볼, 전기믹서, 긴 유리잔 4개

- 헤비 생크림 250밀리리터
- 오렌지 1개
- 가루설탕 50그램
- 곁들여 먹을 설탕비스킷 4개
- 식용 장미수 2티스푼

간단 디저트
224

레몬 스퀴저로 오렌지즙을 짜내고, 껍질은 강판에 갈아 오렌지제스트를 만든다.
볼에 오렌지즙, 오렌지제스트 ¾, 장미수, 설탕을 잘 섞어서 녹여 오렌지 소스를 만든다.
샐러드 볼에 생크림을 넣고 휘저어 부풀어 오르게 한다. 만들어놓은 오렌지 소스를 조금씩 넣어주며 계속 휘저어 무스 같은 질감의 가벼운 크림을 만든다.(필요 이상으로 오래 휘젓지는 않는다. 무스 같은 질감 정도면 충분하다.) 유리잔에 옮겨 담고 남은 오렌지제스트를 뿌려 장식한다.
비스킷과 같이 먹는다.

초콜릿 머그컵 케이크
MUGCAKE AU *chocolat*

분량: 1인분 / 조리시간: 5분
조리도구: 전자레인지에 사용 가능한 머그컵(최소 350밀리리터), 전자레인지

베이킹파우더가 들어간 밀가루 2테이블스푼

코코아가루 2테이블스푼

달걀 1개

가루설탕 2½테이블스푼

우유 2테이블스푼

머그컵에 밀가루, 설탕, 코코아가루, 달걀을 넣고 휘젓는다. 우유, 식물성 식용유 2테이블스푼을 넣고 섞는다.
머그컵을 전자레인지에 넣고 최대출력으로 설정하여 3분간 굽는다.
아이싱슈거를 뿌려 먹어도 좋다.

블루베리 머그컵 케이크
MUGCAKE À LA *myrtille*

분량: 1인분 / 조리시간: 5분
조리도구: 전자레인지에 사용 가능한 머그컵(최소 350밀리리터), 전자레인지

우유
2테이블스푼

가루설탕
3테이블스푼

베이킹파우더가
들어간 밀가루
3테이블스푼

블루베리 25그램
+ 곁들여 먹을 블루베리 조금

달걀 1개

밀가루, 설탕, 달걀을 머그컵에 넣고 섞는다.
우유와 식물성 식용유 2테이블스푼을 넣고 섞는다. 블루베리를 넣는다.
머그컵을 전자레인지를 최대출력으로 설정하여 3분간 굽는다.
블루베리와 휘핑크림을 올려 먹어도 좋다.

블루베리를 곁들인 화이트초콜릿 무스
MOUSSE *chocolat* blanc ET MYRTILLES

분량: 4인분 / 조리시간: 8분 + 냉각 1시간
조리도구: 냄비, 내열 샐러드 볼, 전기믹서, 라메킨 4개

헤비 생크림
250밀리리터

블루베리 150그램 +
곁들여 먹을
블루베리 조금

화이트초콜릿
(드롭형)
125그램

싱크대 배수구를 막고 찬물을 1센티미터 높이만큼 채운다. 냄비에 소량의 물을 끓인다.
내열 샐러드 볼에 초콜릿과 생크림 2테이블스푼을 넣고 샐러드 볼을 냄비에 넣어 중탕한다.
저어주며 초콜릿을 녹인다. 샐러드 볼을 찬물을 받아놓은 싱크대에 넣어
몇 분간 차갑게 식힌다. 남은 생크림을 넣고 휘저어 되직하게 굳힌다. 블루베리를 넣는다.
라메킨 볼 4개에 예쁘게 옮겨 담고 냉장고에 1시간 정도 차갑게 식힌 후 먹는다.
블루베리나 화이트초콜릿을 얇게 갈아서 같이 먹는다.

클래식 티라미수
tiramisu CLASSIQUE

분량: 4인분 / 조리시간: 8분
조리도구: 넓으면서 얕은 접시, 유리잔 4개, 전기믹서, 강판

레이디핑거 쿠키
16개

마스카포네 치즈
375그램

차가운 에스프레소
180밀리리터 또는
인스턴트커피 5티스푼

뿌려먹을
다크초콜릿

가루설탕
2테이블스푼

간단 디저트

인스턴트커피를 사용한다면 차가운 물 180밀리리터에 녹인다. 레이디핑거 쿠키를 각각 사등분하여 커다란 접시에 놓는다. 쿠키에 커피를 부어 스며들게 한 다음 조심스럽게 뒤집어 놓는다.

마스카포네 치즈에 설탕과 찬 물 100밀리리터를 넣고 휘젓는다.

유리잔에 쿠키 절반을 나눠담는다. 그 위에 마스카포네 크림 절반을 담고, 남은 쿠키를 마저 담는다. 마지막으로 남은 마스카포네 크림을 올린다. 다크초콜릿을 강판에 갈아 유리잔에 넉넉히 뿌린다.

바로 먹거나 냉장고에 보관하여 풍미가 어우러지도록 한다.

클래식 티라미수 응용요리
VARIATIONS AUTOUR DU *tiramisu*

분량: 4인분
클래식 티라미수(232~233페이지) 레시피를 바탕으로
만들 수 있는 독창적인 요리

석류주스 280밀리리터
석류알 한 줌
리치 통조림 저장액 200밀리리터
장미수 1티스푼
통조림 리치 몇 개

석류 티라미수

에스프레소 대신 석류주스 180밀리리터를 넣고, 마스카포네 크림에 찬 물 대신 남은 석류주스를 붓는다. 티라미수 중간에 석류알을 깔아 층을 만들고, 강판에 간 초콜릿을 뿌리는 대신 석류알을 얹어 장식한다.

리치, 장미수 티라미수

에스프레소 대신 리치 통조림 저장액과 장미수를 섞어 쿠키에 스며들게 적시고, 마스카포네 크림에 장미수 몇 방울을 뿌린다. 리치를 작게 썰어 티라미수 중간에 깔아 층을 만들고, 강판에 간 초콜릿을 뿌리는 대신 리치를 얹어 장식한다.

마르살라 티라미수

마르살라 와인, 물, 설탕을 작은 냄비에 섞고 저으면서 끓인다. 이렇게 만든 소스를 에스프레소 대신 쿠키에 스며들게 적신다. 마스카포네 크림에 마르살라 와인을 조금 넣는다.

잘게 다진 복숭아를 티라미수 중간에 깔아 층을 만들고, 강판에 간 초콜릿 대신 복숭아를 작게 잘라 얹는다.

마르살라 와인 160밀리리터
가루설탕 2테이블스푼
물 40밀리리터
시럽을 입힌 복숭아 몇 조각
리몬첼로 160밀리리터
물 40밀리리터
블루베리 한 줌
가루설탕 2½테이블스푼

리몬첼로, 블루베리 티라미수

리몬첼로(limoncello, 이탈리아의 레몬 리큐어-옮긴이), 물, 설탕을 작은 냄비에 섞는다. 몇 분간 저어주며 끓인다. 이렇게 만든 소스를 에스프레소 대신 쿠키에 스며들게 한다.

마스카포네 크림에 리몬첼로를 조금 넣는다. 블루베리를 티라미수 중간에 깔아 층을 만들고 초콜릿 대신 블루베리로 장식한다.

초콜릿 크림
CRÈMES AU *chocolat*

분량: 4인분 / 조리시간: 6분 + 냉각 30분
조리도구: 냄비, 볼, 거품기, 라메킨 볼 4개

홀밀크 whole milk
500밀리리터

가루설탕
2테이블스푼

고급 다크초콜릿
80그램+가니시용
초콜릿 조금

커피리큐어 또는
초콜릿리큐어
1테이블스푼

옥수수전분
2테이블스푼

냄비에 우유와 설탕을 넣고 데우다가 끓기 직전에 불을 끈다.
불을 끈 상태에서 조각낸 초콜릿과 리큐어를 넣는다.
초콜릿을 저으며 녹인다. 이렇게 만든 초콜릿 크림 2스푼과 전분을 함께 볼에 넣는다.
덩어리지지 않게 섞은 다음 계속 저어주면서 냄비에 다시 붓는다.
농도가 되직해질 때까지 약불에 저어준다.
라메킨 볼 4개에 각각 부어 냉장고에 넣어둔다.
강판에 간 다크초콜릿을 가니시로 올려 비스코티와 함께 먹는다.

캐러멜라이즈 오렌지와 메이플시럽 크림
oranges CARAMÉLISÉES ET CRÈME AU SIROP D'ÉRABLE

분량: 2인분 / 조리시간: 5분
조리도구: 큰 냄비, 전기믹서, 볼, 스패츌러

- 큼직한 오렌지 2개
- 메이플시럽 1테이블스푼
- 생크림 150밀리리터
- 계피가루 1티스푼
- 무스코바도설탕 또는 갈색설탕 50그램

간단 디저트

프라이팬을 센불과 중불 사이의 불로 달군다. 칼로 오렌지 껍질을 벗기고,
흰 속껍질까지 벗겨 여섯 조각으로 둥글게 자른다.
생크림과 메이플 시럽을 휘저어 되직하게 만든다. 볼에 설탕과 계피가루를 넣고 섞는다.
둥글게 자른 오렌지를 프라이팬에 1분간 굽는다. 뒤집어서 계피가루를 섞은 설탕을 뿌리고
1분간 더 구워준다. 다시 뒤집어서 설탕이 캐러멜처럼 될 때까지 1분간 더 굽는다.
메이플 시럽을 넣은 생크림과 함께 뜨거울 때 먹는다.

이튼 메스
ETON MESS À LA *fraise*

분량: 4인분 / 조리시간: 8분
조리도구: 푸드프로세서, 샐러드 볼, 전기믹서

헤비 생크림
300밀리리터

딸기 400그램

머랭
75그램

아이싱슈거
2~3테이블스푼

딸기 꼭지를 떼어낸다. 분량의 딸기 절반과 아이싱슈거 1테이블스푼을 푸드프로세서에 넣고
갈아서 부드러운 소스로 만든다. 남은 딸기는 사등분한다. 샐러드 볼에 생크림과 남은
아이싱슈거를 넣고 휘저어 되직하게 굳혀 머랭을 만들되, 필요 이상으로
오래 휘젓지는 않도록 한다. 머랭을 잘게 부숴 생크림과 섞는다.
딸기소스를 조금 남겨두고, 나머지는 사등분한 딸기에 조심스럽게 섞는다.
생크림을 섞은 머랭을 접시에 담고 딸기를 얹은 다음 남은 딸기소스를 뿌려 먹는다.

• 이튼 메스 eton mess, 영국 왕실의 디저트 – 옮긴이

초콜릿 브리오슈 토스트
TOASTS *brioches* AU CHOCOLAT

분량: 4인분 / 조리시간: 6분
조리도구: 바닥이 두꺼운 프라이팬, 스패출러

곁들여 먹을 라즈베리

초콜릿 스프레드

작은 브리오슈 또는 우유빵 4개

뿌려먹을 가루설탕

소프트버터 25그램

간단 디저트

브리오슈(brioch, 다른 빵보다 버터의 함량이 높아 고소하고 매우 부드러운 식감이 특징이다.
프랑스인들이 즐겨먹는다―옮긴이)를 반으로 자른다.
브리오슈 한 쪽에 초콜릿 스프레드를 듬뿍 바르고 남은 빵으로 덮는다.
센불과 중불 사이의 불로 가열하여 버터가 부글거리며 끓기 시작하면 브리오슈를 넣는다.
스패출러로 살짝 눌러주면서 양면을 각각 1분씩 노릇하게 굽는다.
설탕과 라즈베리를 뿌려 뜨거울 때 먹는다.

라즈베리 소르베
SORBET À LA *framboise*

분량: 4인분 / 조리시간: 2분
조리도구: 블렌더

꿀 3테이블스푼 듬뿍
(원하면 양을 늘려도 좋다)

마스카포네 치즈
125그램

냉동 라즈베리
400그램

플레인 요거트
2테이블스푼

블렌더에 모든 재료를 넣고 부드러운 질감이 되도록 갈아준다.
이때 중간 중간 블렌더의 안쪽 면에 달라붙은 재료를 긁어내리며 돌린다.
바로 먹거나 냉동실에 보관했다가 다시 갈아 먹어도 좋다.

모히토 같은 그라니타
GRANITÉ FAÇON *mojito*

분량: 4인분 / 조리시간: 10분 + 냉동 4~6시간
조리도구: 작은 냄비, 강판, 블렌더, 체, 금속 빵틀

가루설탕
100그램

라임 2개

페퍼민트 잎
한 줌 가득

화이트 럼
1½테이블스푼

간단 디저트

라임을 강판에 곱게 갈아 라임제스트를 만든다. 작은 냄비에 라임제스트, 설탕,
물 300밀리리터를 넣고 설탕이 녹을 때까지 천천히 끓인다. 몇 분간 식힌다.
그동안 라임즙을 짜서 블렌더에 넣는다. 페퍼민트, 럼, 식혀둔 설탕시럽과 함께
페퍼민트가 잘게 다져질 때까지 갈아준다. 체에 밭쳐 거른 다음 빵틀에 붓고 냉동실에 넣는다.
한 시간마다 꺼내서 포크로 표면을 긁어 빙수처럼 만든다. 4~6번 이렇게 얼린다.
둥글게 썬 라임을 곁들여 먹는다.

• 그라니타 granité. 그라니테는 '얼음'이라는 뜻의 프랑스어로 소르베와 비슷하나 소르베보다
  입자가 거칠고 신맛이 강한 것이 특징인 아이스 디저트이다 – 옮긴이

과일 소르베
SORBET AUX *fruits*

분량: 4인분 / 조리시간: 3분
조리도구: 푸드프로세서 또는 블렌더

냉동 과일, 메이플 시럽, 라임즙을 푸드프로세서나 블렌더에 간다. 원하면 페퍼민트를 넣어도 좋다. 맛을 보고 필요하다 싶으면 라임즙이나 메이플시럽을 추가한다.

여러 가지 냉동 과일
(멜론/파인애플/망고/파파야 등)
450그램

라임즙
(취향에 따라 선택 가능)

메이플시럽
1~2테이블스푼

간단 디저트

캐러멜 아이스크림
GLACE AUX BONBONS AU *caramel*

분량: 4인분 / 조리시간: 5분 + 냉동 2시간
조리도구: 샐러드 볼, 넓은 얼음틀(약 48칸) 2개, 푸드프로세서 또는 블렌더

마스카포네 치즈
400그램

초콜릿을 입힌
소프트 캐러멜 한 줌

바닐라 농축액
2티스푼

아이싱슈거
100그램

액상 생크림
500밀리리터

간단 디저트

마스카포네 치즈, 생크림, 바닐라 농축액, 아이싱슈거를 샐러드 볼에 넣고
부드러운 질감이 되도록 휘젓는다. 얼음틀에 담아 한두 시간 얼린다.
얼린 내용물을 푸드프로세서나 블렌더에 넣고 캐러멜과 함께 갈아준 다음 바로 먹는다.

레몬, 라즈베리 젤리
GELÉE citron-FRAMBOISE

분량: 4인분 / 조리시간: 10분 + 냉각 몇 시간
조리도구: 볼, 작은 냄비, 작은 유리잔 4개

오렌지주스
100밀리리터

가루설탕
65그램

라즈베리
100그램

판 젤라틴
6장

레몬즙
120밀리리터

전기포트에 물을 끓인다. 볼에 판 젤라틴이 잠길 정도의 높이만큼 찬 물을 붓는다.
판 젤라틴이 물을 흡수하여 부드러워질 때까지 3분간 기다린다.
그동안 설탕과 끓는 물 65밀리리터를 작은 냄비에 넣고 섞은 다음 1분간 가열하여
설탕을 녹인다. 불을 끈 상태에서 레몬즙과 오렌지주스를 넣고 데운 다음 섞어서 그대로 둔다.
판 젤라틴을 눌러 물기를 짜낸 다음 위의 냄비에 넣고 끓는 물 200밀리리터를 붓는다.
저으면서 젤라틴을 녹여 젤리로 만든다.
라즈베리를 유리잔에 나눠담고 젤리를 붓는다. 서늘한 곳에서 굳힌다.

색인

ㄱ
가염 캐러멜 치즈케이크
가지 스위트 칠리소스
간 브루스케타
간단한 라따뚜이
간장과 쪽파를 곁들인 앙 파피요트
강낭콩 채소 수프
건과일 리코타 치즈 콩포트
검은콩 딥 소스와 하리사
고추 라임 버터
고트 치즈를 곁들인 파 오믈렛
고트 치즈와 허브 브루스케타
곡물과 레드치커리 웜 샐러드
과일 소르베
과카몰레
구운 고트 치즈와 꿀
구운 피망 수프
국수와 새우 사테
굽지 않고 만드는 피넛버터 쿠키
그린 타프나드를 곁들인 프로슈토
그릴에 구운 쉬크린과 두카
그릴에 구운 양념 가지와 요거트 브루스케타
그릴에 구운 청어와 오이절임
까르보나라 스파게티

ㄴ
농어와 다시국물
누들 채소 수프

ㄷ
닭고기 카레와 난
닭고기 파히타
동남아식 소스를 곁들인 두부
돼지갈비와 애플 아이올리 소스
두부 된장국

ㄹ
라임 치즈케이크
라즈베리 소르베
레몬 치즈케이크
레몬, 라즈베리 젤리
레몬, 리코타 치즈를 넣은 링귀네
레몬소스를 뿌린 채소 슬라이스
레몬 흑후추 버터
레물라드 소스를 곁들인 채소 샐러드
리몬첼로, 블루베리 티라미수
리치, 장미수 티라미수

ㅁ
마늘 토르티야 칩
마늘, 초리조를 곁들인 강낭콩 퓌레
마르살라 티라미수
말린 토마토와 올리브, 오레가노 브루스케타
메밀국수와 참기름을 곁들인 참치 스테이크
메이플 시럽 바나나 치즈케이크
모히토 같은 그라니타
무화과 시금치 샐러드
무화과와 프로슈토

ㅂ
바질 페스토
버섯 케이퍼 브루스케타
베이컨 또는 초리조
베이컨 완두콩 알프레도 소스
베트남 스프링롤
병아리콩 샐러드
보콘치니와 페퍼민트 고추 브루스케타
부라타 치즈와 그릴에 구운 복숭아
브로콜리 샐러드
블루베리 머그컵 케이크
블루베리를 곁들인 화이트초콜릿 무스
블루 치즈 버터를 올린 등심
비트와 고트 치즈 샐러드

ㅅ
사과와 꿀을 곁들인 리코타 치즈
석류 티라미수
설탕과 향신료를 넣은 바삭한 디저트
소고기 볶음 캐러멜라이즈
소시지 펜넬 파스타
스모어
스파게티와 마늘 빵가루
시금치 알프레도 소스
시리얼 바
시치미를 뿌린 프라이드 파드론 페퍼
시트러스와 타임을 곁들인 닭 가슴살
씨앗과 고수를 곁들인 레몬 허머스

ㅇ
아보카도 크림 수프
아보카도 페스토 뇨키
아보카도와 완두콩 어린잎
아스파라거스
아스파라거스와 마늘버터
아스파라거스와 파르메산 치즈를 곁들인 빵
알프레도 페투치네
앙 파피요트
애플소스 머스터드 버터

애호박 국수 프리타타
애호박 페타 치즈 갈레트
앤초비, 마늘, 로즈마리 버터
앤초비와 케이퍼
양념 양고기 허머스 소스
양념 채소 수프
양송이버섯 알프레드 소스
엔다이브 베이컨 샐러드
오레가노와 빵가루
오렌지 장미수 크림 디저트
오렌지와 고수
오르조와 케일 수프
오이와 페퍼민트 수프
오징어, 초리조, 아몬드 샐러드
옥수수전분 오징어 튀김
완두콩 퓌레
완두콩 햄 수프
우에보스 란체로스
이튼 메스

ㅈ
잠두콩과 참깨 딥
잠두콩과 페퍼민트
잣이 들어간 그레몰라타 채소 수프
정어리, 잣, 건포도 스파게티
조개와 타라곤 스파게티

ㅊ
차이브와 래디시를 곁들인 고트 치즈
참치 라임 카르파초 브루스케타
참치 리예트
참치와 케이퍼 파스타
체리와 초콜릿 트러플

초콜릿 머그컵 케이크
초콜릿 브리오슈 토스트
초콜릿 크림
치즈, 마늘, 블랙페퍼 오르조

ㅋ
카르파초, 트러플 마요네즈
캐러멜 아이스크림
캐러멜 팝콘
캐러멜 피스타치오 무화과
캐러멜라이즈 오렌지와 메이플시럽 크림
캐러멜라이즈 초리조와 강낭콩
케일 마늘 브루스케타
케일 칩스
콜리플라워 마살라 수프
쿠스쿠스 스프링 샐러드
크레송 발사믹 소스 간 요리
크레송과 타라곤을 곁들인 앙 파피요트
크레송과 호두 페스토
클래식 채소 수프
클래식 치즈케이크
클래식 토마토 소스 파스타
클래식 티라미수

ㅌ
타라마
태국 카레를 곁들인 앙 파피요트
토르텔리니 수프
토마토 바질 브루스케타
토마토, 모차렐라, 바질 샐러드
토마토와 빵 수프

ㅍ
파르메산 치즈 팝콘
파르메산 튀일
파사타와 올리브를 곁들인 앙 파피요트
파슬리와 아몬드 페스토
파투시 샐러드
페퍼 플레이크, 올리브와 앤초비
페퍼민트와 헤이즐넛 페스토
프로마주 블랑, 훈제연어와 딜
피망과 고트 치즈 파스타

ㅎ
하리사를 넣은 해덕대구와 쿠스쿠스
할루미 치즈 스파이스 버거
핫소스 소고기 국수
핫소스 수프
핫소스를 곁들인 어묵 완자
허브 샐러드
허브와 피스타치오 페스토
호박씨 시즈닝과 캐러멜라이징
화이트 초콜릿 부셰
훈제 연어 알프레도 소스
흰 강낭콩 수프

◇ 당신은 언제나 옳습니다. 그대의 삶을 응원합니다. - **라의눈 출판그룹**

5가지 재료로 10분 만에 만드는
맛있는 프랑스 요리

초판 1쇄 | 2016년 6월 1일

지은이 | 수 퀸
옮긴이 | 이보미

펴낸이 | 설응도
펴낸곳 | 라의눈

편집주간 | 안은주
편집장 | 김지현
기획편집팀장 | 최현숙
기획위원 | 성장현
마케팅 | 최제환
경영지원 | 설효섭

출판등록 | 2014년 1월 13일(제2014-000011호)
주소 | 서울시 서초중앙로 29길(반포동) 낙강빌딩 2층
전화번호 | 02-466-1283
팩스번호 | 02-466-1301
전자우편 | eyeofrabooks@gmail.com

이 책의 저작권은 저자와 출판사에 있습니다.
서면에 의한 저자와 출판사의 허락 없이 책의 전부 또는 일부 내용을 사용할 수 없습니다.

ISBN : 979-11-86039-55-7 13590

※ 잘못 만들어진 책은 구입처나 본사에서 교환해 드립니다.
※ 책값은 뒤표지에 있습니다.
※ 라의눈에서는 독자 여러분의 소중한 아이디어와 원고 투고를 기다리고 있습니다.